中国你要警惕

风云年代的光荣与梦想、机会与陷阱

黄树东◎著

中国人民大学出版社

·北京·

编辑手记

我是北京滚滚人潮中的普通一员。清早，从床上挣扎着爬起来去挤公交车；傍晚，又拖着疲惫的身体融入下班的洪流。

学习西方经济学已经是 15 年前的事情了，虽然在当时全年级有好几个人挂科，还有一大帮人在及格线上苦苦挣扎的情况下，我是仅有的两个得"优"的学生之一，但大部分推理和演绎已经随着时间的流逝被遗忘，深深刻在脑海中的是那几个基本的假定："理性人——人都是利己的，每个人自发地趋利避害，最终会达成整个社会的繁荣"、"效用决定价值——没有效用就没有价值，不能交换也没有价值"等等。后来上了研究生，彼时西方"将政府市场化"的潮流袭来，又忙着在试卷和论文上论证在政府内部引入市场会如何促进政府效益的提高。那些假定，经过时间的打磨，加上一遍又一遍的论证，加上媒体的复述，加上周遭的现实，逐渐从"假定"变成了"结论"，甚至变成了"信条"。所以，曾经，公交车上有人打架无人劝阻我会觉得很正常——趋利避害么；谷贱伤农农民境况凄凉我会觉得很正常——风险自担么；质量糟糕的商品大行其道我会觉得很正常——市场运作么。我很少去关心类似"国家"这种抽象的概念，就像有的专家所说，钓鱼岛于我无用，有何价值？航母于我无用，有何价值？……

什么时候开始，我觉得这些不再那么正常了，我觉得有哪儿不对劲儿了？

也许是"三聚氰胺"毒害了那么多幼小的孩子刺激了我的神经，

因为我是一个妈妈；也许是我母亲独自上街摔倒在大街上半天却无人伸出援手让我悲哀，因为我是一个女儿；也许是因为不知不觉中已经吃了很多转基因食品才知道转基因有风险让我愤怒，因为我要为我家人的健康负责……

当我还是小孩子的时候，5分钱就可以买一个冰棍，我在路边看见乞讨的人，我给了他1块钱——是我好几个月的零花钱；中学的时候，我看到衣衫褴褛的老人，在街边破烂的小摊一碗酱油汤下一个干馒头，我同情得直掉眼泪；但后来我的心慢慢变得坚硬和冷漠，嘲笑自己以往所作的傻事和泛滥的同情心；现在，当我放下这些坚硬和冷漠以后，我又开始冒"傻气"——我会认真地去关注国家经济、政治生活中的大事，因为我重新拾回了常识——"皮之不存，毛将焉附？"我会努力去帮助那些也许并不认识的人，因为我重新回忆起了"老吾老以及人之老"、"幼吾幼以及人之幼"这样的传统。

非常幸运的是，我在工作中，也遇到了这样一位冒着些"傻气"的作者——黄树东先生。他身处异国他乡，却时时刻刻关心中国的现状和未来；他工作极其繁忙，却挤出时间写作，每每忙到深夜；他写作态度严谨，仅买参考书一项都花掉几千美元；他对祖国饱含赤诚之心，字里行间充满爱之深责之切的情感；他写书不为赚钱，甚至上一本书的稿费至今未领……按照"理性人"的观点来看，他不仅不理性，而且简直太不理性了，与机关算尽的银行家角色大相径庭。

当冷漠已经成为人们的通病时，当专家利益代言已经被认为见怪不怪时，当个人主义已经被奉为信条时，你一定能体会到这种"不理性"是多么可贵。

但他的观点却相当理性并具有说服力，让我对那些曾经被灌输给我，现在又让我模模糊糊觉得不妥的"信条"重新反思。他指出，效用创造价值是西方国家为了应对工人运动而推出的"理论创新"，是一场针对劳动者的革命，是一场捍卫既得利益结构和制度的革命——"效用信条"曾被塞进我的脑子，背后的故事却被忽略不计，如今还在被一些专家往大众的脑子里塞；他指出，一个经济体在任何时候都可能有许多潜在的均衡点存在，其中一些符合社会的根本利益，而另一些则相反，寻求那些符合国家利益的均衡点是政府的责任——这又与高呼"政府后退、市场前进"的声音格格不入，与我所接受的"'看不见的手'自发地就能使市场达到均衡，就能实现资源的有效配置"的教育格格不入……

黄树东先生在书中真诚地为中国的中下层呐喊。他说，不是中国人勤劳而不富有，是中国的中下层勤劳而不富有；他说，不是中国人节俭成性、舍不得花钱，要为内需不振负责，而是中下层没有钱花或者没有足够的保障因此不敢花钱；他说，国企职工工资跟随GDP增长不是应该被指责的而是值得欣慰的，要做的是把其他行业的职工工资涨上去，而不是把国企职工的工资降下来；他说，要解决经济发展的瓶颈，不是要为分配不公寻找合理化的借口，而是要真正下大力气解决贫富悬殊问题……

从我2010年的春节看到黄树东先生的第一本书，忍不住向家人大声读出书中精彩的句子，到我约请他写作本书，再到目前本书即将付梓，他的观点在促使我不断思考。至于书的内容，相信拥有常识和判断力的读者，会和我一样喜欢。

曹沁颖

2011.6.24

目　录

2034，中国两种可能

　　2034 年，中国有两种可能。一种是经济总量达到美国的两倍；另一种是处于漫长的社会动荡中。尽管前一种可能的概率非常高，但我们必须看到，有一种力量力图将中国推向后一种可能。

■ 据《经济学人》杂志预测，中国的经济总量将在 2019 年超过美国。它列出的基本条件是：美国经济平均每年增长 2.5%，年通胀率 1.5%；而中国经济年平均增长率为 7.75%，年通胀率为 4%，人民币对美元每年升值 3%。如果这个预测变成现实，中国将在 2019 年成为新的超级大国。而美国花旗银行认为，中国将在 2020 年成为世界第一大经济体。

■ 我们认为，只要中国处理好贫富悬殊问题，中国将迎来另外 20～30 年的高速增长。中国有可能在 2019 年成为世界第一大经济体。从那以后再经过大约 3 个五年规划的时间，即 2034 年，中国经济总量将是美国的两倍。

动荡年代

70 年来最大的金融灾难，已过去两年多。

这场经济危机，导致数百万美国人失去了工作和房子，几千万中国人曾失去工作，经济萧条的阴影在世界每个角落里游荡。经济危机不仅严重冲击了发展中国家，也给很多发达国家带来了持续的经济动荡。

正如 20 世纪 30 年代的大萧条将世界带入漫长的动荡年代一样，等待我们的将是另一个不短的动荡年代。许多国家面临内部和外部的双重不平衡，许多国家间的外部不平衡又相互交错。面对这些问题，有远见的民族和它们的政治家，寻求的不是单纯对不平衡的解决，而是如何以符合自己民族利益的方式来解决；着眼的不是简单地从危机中摆脱出来，而是如何防范未来的危机；胸中激荡的不是短期的潮起潮落，而是整个世纪的风云变幻。因为，同任何大的历史关键点一样，动荡的表象下，不仅是文明的较量，更是利益的较量。

每个国家都面临自己的问题：增长方式必须调整，经济体制必须改革，分配格局必须重建。中国这样，美国也如此；发展中国家这样，发达国家也如此。而左右这一过程的核心，是世界范围内的深刻反思。

然而，有的国家却力图将自己的问题输出到其他国家。这种从其他国家身上抽血的战略，加剧了世界局势的复杂性。经济动荡，高失业率，低增长率，产能过剩，生产过剩；现有的和潜在的主权债务危

3

机；明枪暗箭的货币战争；保护主义和贸易壁垒；哥本哈根会议对发展中国家的减排压力等等，交织在一起。世界经济面临重构：世界经济格局在重新划分，世界财富蛋糕在重新切割，世界经济结构在重新调整，每个国家内部的利益关系在重新界定，世界经济摩擦在不断增加，有人在经济困难和实力衰退的时候加紧了军事布局。

世界面临多重挑战：美元泛滥，美国潜在的主权债务问题，欧洲的债务危机，美国房地产市场的疲软，非洲的动荡，全球性的通货膨胀……就美国而言，过去30年间，平均5年就有一次衰退或危机。而且，每一次美元泛滥都伴随着危机。这一次经济复苏是从2009年开始的。如果美国不能在这几年找到解决结构性问题的办法，美国下一次危机可能就在2013—2014年这段时间。如果以历史作为一种借鉴，2013—2014年就是一个坎。到了那个时候，假如衰退或危机真的发生了的话，无论美国还是欧洲，抑或中国，都无法再像上一次危机那样，能够以同样数量级的重拳反击危机。美国在这次反危机中，财政和金融系统都采取了数万亿美元计的措施。以美国目前和未来几年的财政和金融状况看，已经没有能力复制。而中国，在2008年的反危机过程中，某种程度上帮助过美国。但是，下一次危机来临时，中国由于自己的经济问题，将很难再次以同等的力度帮助美国。

这场危机会从哪些地方爆发，会如何爆发？会给世界带来什么不确定性？

到时候世界怎么办，中国怎么办？

世界会不会因此有更大的动荡？这种动荡的形式是什么？它的冲击波会达到哪里？谁会处于这个冲击波的核心？

这些都值得我们深思。而这些问题究竟会有多严重，只有天知道。中国要做的是：做好自己的事情，解决自己的问题，化解自己的矛盾。

我们面临的机会窗口时间不长，而且每天都在缩短。

当今世界所有问题的"原罪"

一个时代结束了。

经济危机是一只历史的手。它在关闭一扇门的时候，开启了另一扇窗。

为什么这样讲？

从全球范围来看，过去几十年那种自由放任，以不公平为核心内容的发展方式走到了尽头。从国内经济关系看，那种发展方式的特点就是收入不公和贫富悬殊。从国际经济关系看，那种发展方式的特点就是发展中国家生产，发达国家消费；发展中国家储蓄，发达国家借债。放眼当今世界的经济格局，就是世界范围内的国内分配不公和全球范围内的国际分配不公交织。

不公正是当今世界的主要问题，也是当今许多国家包括发达国家的主要问题。

当今世界的不公正，不是世界经济道路出现的偶然颠簸，不是经济肌体发生的伤风感冒，不是局部的肿胀和不适。一两付治标的药、局部的修修补补解决不了问题。许多国家需要的不是填补道路上的坑坑洼洼，而是修建新的道路；不是如何避免眼前的波涛，而是重新调整经济航向。

为什么是这样呢？

因为当今世界经济问题的根源来自不公平的经济关系。这个经济关系是当今世界所有问题的"原罪"。

让我们先看看发达国家。我们知道发达国家普遍为债务危机或潜在的债务危机所困扰，欧洲如此，美国也如此。债务危机是如何产生的呢？我们知道一个经济体稳定的基础是总需求和总供给相等。总需求是有效需求的总和，而有效需求是有支付能力的需求。支付能力是说，你要么有钱，要么能借到钱。过去几十年，西方走了一条富人减税，中下层收入相对下降的道路。在富人减税的同时，中下层要求不削减起码的公共支出和社会保障。在这种情况下，西方就走上了政府举债、中下层借钱的道路。这条道路掩盖了过去总需求不足的问题。现在这条道路再也走不下去了。西方面临漫长的衰退。

再让我们看看发展中国家。许多发展中国家走上了出口导向的道路。我们后面将会指出，这出口导向是以国内分配不公为前提的。现在，这条路也走不下去了。

总之，历史通过经济危机和危机后的各种挑战告诉我们，过去一段时间风靡人类的道路选择和理念模式，是不可持续的，是一个死胡同。我们需要重新出发。

不公平的经济关系是了解当今世界经济困境的钥匙，而放弃这一经济关系是摆脱困境的根本出路。这是我们所处时代的主要课题，是激荡我们这个时代的主要旋律。

中国也是这样。

　　谁能在这一轮改革中胜出，谁就能在下一次危机中立于不败之地；谁能将受到的冲击降到最低，谁就能领这个世纪的风骚，谁能在这场激荡中奏出最强音，谁就能赢得这个世纪。

　　那么，中国有没有不公正的经济关系？这种不公正的经济关系是如何产生的？我们如何改变这种不公正的经济关系？如何防止这种不公正的经济关系进一步扩大？不公正的经济关系是来自于我们继承的历史，还是来自于我们这几代人的责任？这就是本书想和大家一起讨论的。

　　解决不公正的经济关系，需要上层建筑的反作用。上层建筑的选择同贫富悬殊的解决交织在一起。在当今世界里，哪一种上层建筑有利于解决贫富悬殊，有利于调整不公正的经济关系呢？是那种金钱控制政治程序的政治秩序，还是别的？中国是需要改变目前的上层建筑让它适应不公正的经济关系，反映贫富悬殊的事实呢，还是需要通过上层建筑的力量改变不公正的经济关系和贫富悬殊？如果中国让金钱全面介入政治程序，中国会不会出现民主法制和个人自由的全面倒退？这也是本书想和大家一起讨论的。

通往中国世纪的阶梯

　　西方面临全面的衰退。

　　在世界范围内获取经济资源，是西方国家经济繁荣的基础。一旦世界资源不再大规模流向西方，西方的相对衰落就不可避免。

　　从获取世界资源的角度看，西方发展的历史有两个基本的阶段。

第一个阶段是殖民地阶段，通过殖民政策掠夺资源。这条道路在第二次世界大战以后基本走向终结。第二个阶段是"华盛顿共识"阶段。它通过构建国际经济关系，实现"发达国家消费、发展中国家生产"的经济模式，使资源同样大规模地流向发达国家。结果，过去几十年，许多发展中国家经济高速增长，而经济资源却大规模流出。这个模式也走到了尽头。

> **华盛顿共识**：20世纪80年代以来由位于华盛顿的三大机构——国际货币基金组织、世界银行和美国政府，针对拉美国家和东欧转轨国家提出的一系列减少政府干预、促进贸易和金融自由化的政策主张。以新自由主义学说为理论依据的"华盛顿共识"，在20世纪90年代广为传播。

过去几百年中，建立在别国资源基础上的繁荣走到了尽头。西方相对衰退的时代已经来临。

以美国为例，美国经济面临漫长的结构性危机（我们将在后面详细讨论）。

让我们以中美两国2010年的GDP作为基数做一个沙盘推演。

我们为美国做一个乐观的估计：假如美国精英集团不犯错误，事事处理得当，美国有可能避免概率不小的流动性陷阱，在未来的10年里，其经济的真实增长率可能在1.5%～2%之间徘徊（让我们乐观一点，以年增长2%来计算）。当然，有些年头高一点，可能为3.5%，有的年头低一点，另外一些年头还可能出现新的危机。

据《经济学人》杂志预测，中国的经济总量将在2019年超过美国。它列出的基本条件是：美国经济平均每年增长2.5%，年通胀率1.5%；而中国经济年平均增长率为7.75%，年通胀率为4%，人民币对美元每年升值3%。如果这个预测变成现实，中国将在2019年成为新的超级大国。而美国花旗银行认为，中国将在2020年成为世界第一大经济体。

我们认为，只要中国处理好贫富悬殊问题，中国将迎来另外20～30 年的高速增长。中国有可能在 2019 年成为世界第一大经济体。从那以后再经过大约 3 个五年规划的时间，即 2034 年，中国经济总量将是美国的两倍。

中国经济发展必须建立在内需和内生发展的基础上。如果中国继续出口导向，试问在这个世界上有哪一个市场或市场集合能支撑起世界第一大经济体？美国目前是世界第一大经济体，但是美国出口占GDP 的份额远远低于中国。如果中国能在 2019 年成为世界第一大经济体，中国的经济总量将为 19 万亿美元。如果中国的出口依然相当于 GDP 的 30％～40％，则需要 5.7 万亿～7.6 万亿美元的出口市场。如果中国经济总量要在 2034 年达到美国经济总量的两倍的话，中国对出口市场的需求将会更加巨大，那将是一个天文数字。这是在向不可能挑战。而且，这种战略带来的潜在冲突会很大。总之，中国的世纪不可能建立在出口导向的基础上，必须建立在自己的市场上，建立在内需、内生发展的基础上。

内需和内生发展需要解决收入分配不公和贫富悬殊问题。中国有13 亿～14 亿的人口，有广袤的国土。目前市场容量狭小是由于分配不公。如果中国能有效解决贫富悬殊问题，尽快调整收入不公，然后在这个基础上让中下层的消费赶上 GDP 的增长，那将是何等巨大的市场潜力！有人提倡眼睛向外。在某种程度上，向外是对的，但是，中国守着的是世界上最大的市场，从长远看，有哪一个市场能够同我们自己身边的这个市场相比？千万不要守着金碗银碗不要，而去寻找泥饭碗。

公正是中国世纪的基石。中国需要用公正来打造自己的金碗银碗。

只要对内公正，就能复兴。这就是中国面临的历史机会。

有人认为，中国需要向改革要发展、要增长。我们认为，中国需要向公平正义要发展、要增长。这是现阶段中国面临的历史性机会和挑战，也是一种更加艰巨广泛和全面的改革。

这种增长模式是一种公正的、人道的、有包容性的增长模式，是一种停止物质财富大量向西方流动的增长模式。

上面的预测演绎的是一种历史的可能。它的背后，是一种复杂的历史进程，是许多历史力量交替作用的结果，是历史的重新选择。它表明一种依靠追求不公平来推动经济的体制和文明由于内在的矛盾开始衰退，而另一种依靠追求某种程度的公平来推动经济的体制和文明正在兴起。

有位朋友这样说：经济危机炸掉了一个旧世界，炸出了一个新世界。而中国可能就是新世界的太阳。

这就是历史。历史从来就是兴衰更替。

中国只要脚踏实地走好自己的路，眼睛向内，调整经济不平衡，实现有包容的经济增长，提振公平正义，扩大内需，对外捍卫好自己的国家利益，就可能在不长的时间内超过美国，创造出一种新的文明，一种新的价值体系，一种别样的现代化道路，为人类提供一种新的选择。那将是一种传承了 5 000 年历史的文明！

历史这只手，已经启动了这个交替的进程。

世界上许多独立思考的人都感受到了这只历史之手。当然，也有人在这只手面前惊惶。

历史上多次演绎过晨钟暮鼓，兴衰相替，潮起潮落的故事。现在一场伟大历史变革的序幕又拉开了。假如，这种历史交替真的发生，它会有什么连带影响？

也许历史会告诉我们。在罗马帝国时期，尽管有怀疑主义哲学家在怀疑一切，罗马帝国的价值却随着帝国的崛起而在辽阔的地域里扩张。横跨亚非欧三大陆的罗马帝国曾经是当时"普世价值"的代表。但是，当历史的帷幕在罗马帝国面前落下的时候，同它一同谢幕的，是以罗马帝国为象征的一切价值符号。新的历史诞生了新的"普世价值"。如果历史仅仅停留在罗马帝国时期，罗马帝国所代表的一切不仅将是普世的，而且将是永恒的。但是，罗马帝国毕竟倒塌了。在帝国的废墟里，历史的荒草不仅掩埋了罗马帝国本身，还掩埋了罗马帝国代表的制度和价值。

我们不是预言家，但是，我们关注大概率事件。在未来几十年，只要美国不能成功地从其他国家尤其是中国身上寻求出路，只要中国不犯战略性错误，美国经济的衰退——至少是相对衰退——概率不小。随着美国模式一起衰退的，将包括围绕这个模式而建立的价值体系和道路选择。

苏联解体以后，有人认为历史终结了，20 世纪关于道路的争论终结了。然而，2008 年的危机终结了关于终结的神话。发达国家进入了全面、长期的危机时期。社会经济结构的动荡是不可避免的。历史没有终结，历史才刚刚开始。

公平是通向中国世纪的阶梯。这大约是历史发给中国的一手赢面颇大的牌。

别失去我们的 2034

有人认为，中国同西方的冲突是意识形态的冲突和文化的冲突。西方许多战略家主要持前一种观点，而某些学者则侧重后一种观点。概言之，就是将中国在现代化进程中同西方的争论，将中国根据自己的历史和现实情况选择的不同道路，简单定义为意识形态和文明的冲突。这种定义，掩盖了事实本身的真相，在某种程度上为西方挑起的这场争论争取了话语权，为其在中国国内的利益代表者赢得了必不可少的道义落脚点。这也是当今中国许多思潮的基本出发点。

其实，中国同西方的冲突其根本原因是利益上的冲突，是中国在现代化过程中与西方在世界资源再分配上的潜在冲突。

西方以不到 20％的人口，享用了全球 76％左右的资源。中国人口占到世界人口的 20％以上，在现有条件下，如果中国人民的生活水平提高到西方的程度，那就大约需要 1.5～2 个地球，如果全世界人口都达到西方的生活水平，那我们大概需要 4～5 个地球。否则，中国现代化的过程，就是中国人民的生活水平提高，而发达国家生活水平相对降低的过程。

中国的发展和其他发展中国家的发展，事实上，就是要改变 20％的人口享用 76％的资源的不公平现状。希望西方支持拥护，未免有些天真。所以，有些人就想把中国的经济发展以及发展中国家的经济发展纳入符合自己利益的框架。

那么，什么框架最符合他们的利益呢？

让我们坐在他们的屁股上想一想。这个最符合他们利益的发展方式，就是让中国走上贫富悬殊和收入不公的道路。这条道路也许可以造就大约 1 亿左右的富有阶层，但却会使中国大多数人处于贫困状态。如果中国只有 1 亿人口参加世界资源的重新分配，比起 13 亿人口来说，那是一个比较能够接受的选择，它不会从根本上改变少数人口占有 76％的资源的现实。总之，让中国经济发展制造少数富翁，让大多数人贫困，是符合特定利益的，是符合维持资源分配现有格局的。

而且，这个贫富悬殊还必须通过体制固定下来。那就是让金钱全面介入政治，从上层建筑上保证贫富悬殊的持续存在。

争夺资源是当今世界面临的主要问题。然而，有人将这个问题通过意识形态、文化、"普世价值"、市场选择包装起来，好让事态朝有利于自己利益的方向发展。于是，这场争论就变成了关于"西方先进体制"的争论，变成了"普世价值"的争论，变成了"文化"的争论。这就是为什么有人要在中国推动彻底的市场化和金钱政治的根本原因。

其实，这些都是争夺资源的手段。

如果你不信，就看看在某些口号的帮助下，中东、东欧、非洲，以及南海、南亚、东亚所发生的一切。

这样的例子还很多。

2011 年，全球物价上涨明明是美元泛滥导致的。然而，在巴黎召开的 G20 财长会议期间，有些人却声称全球物价上涨是因为中国经济增长和消费增长导致的。换句话说，如果大多数中国人民食不果腹，全球通胀就不会发生了。

2010年，在哥本哈根会议上，某些国家集团明确要求发展中国家包括中国降低碳排放量，从而限制中国做大自己经济蛋糕的能力。

2008年，由于西方国家用玉米制造汽油替代品，导致世界粮食价格大幅度上涨，出现了西方许多人所说的"粮食和燃料"间的竞争。但是，有些国家的领导人在相关国际会议上却说，这是因为大多数印度人从一天吃一顿变成一天吃两顿导致的，是中国人开始喝牛奶导致的。

有些人认为，中国人达到西方的生活水平，是难以接受的。

基于资源分配的考量，在中国制造贫富悬殊符合西方的利益。而中国政府恰恰是提倡共同富裕的。联合国认为，过去几十年中国在解决贫困方面取得了巨大成就，几亿中国人脱离了贫困。在这个基础上，中国还想进一步消除贫富悬殊，实现共同富裕。中国要实现共同富裕，那不是直接冲击了别国的核心利益？全中国人民都能大幅度提高生活水平，那需要多少资源？所以，一个强大有力的、带动全中国人民追求共同富裕的中国政府就成了某些人利益的障碍。追求共同富裕成了中国的"原罪"。中国想要洗赎这个"原罪"就必须走贫富悬殊的道路。

中国也不必天真。只要中国不改变追求共同富裕这个社会经济目标，世界范围内资源的重新分配就不可避免，西方就不会改变态度，同西方的某些冲突就不会停止，别人就会用多种方式来冲击你。

西方那些战略家也知道，中国不解决贫富悬殊问题，会导致社会动荡。但是，动荡而衰弱的中国，是不是正好符合他们的利益呢？现在有一种力量，把导致贫富悬殊的原因当成解决贫富悬殊问题的手段，诱导中国引进金钱民主，甚至实施什么联邦制。如果中国看不清这个错综复杂的国际冲突的根本原因，在有些人的误导下，做出错误的选择，那么等待中国的将是另外一种结果。中国有可能出现经济和社会的动荡，甚至更加严重的局面，中华民族在世界资源分配中将彻底失败。2034 年的中国将会是大多数炎黄子孙不愿意看到的中国。

中国要走共同富裕的道路，同西方在资源分配上的潜在冲突是必然存在的。所以，**越要追求共同富裕，越要自强。这是历史和现实的结论。**

同危机赛跑

2008 年金融危机的影响，远远超过金融和经济本身。世界许多国家的政治版图，以及政府和经济的关系面临着深刻的转变。新一轮改革，正在全球激荡。

中国正处于前所未有的历史机遇期，也面临着前所未有的挑战。

中国经济过去几十年高速、不间断的增长，在人类历史上是空前的，甚至可能是绝后的，除非这个纪录为中国自己打破。在这个基础上，中国完全有可能在未来不太长的时间内超过美国成为世界第一经济体。但是，中国经济同样面临深层次的问题。

贫富悬殊、分配不公、价值沉沦、官员腐败、市场秩序混乱、中下阶层贫困等等。不仅如此，各种思潮在中国交互激荡，某些思潮力图左右中国未来的选择。

2034 年，中国有两种可能。一种是经济总量达到美国的两倍；另一种是处于漫长的社会动荡中。尽管前一种可能的概率非常高，但

我们必须看到，有一种力量力图将中国推向后一种可能。

中国现在面临的最大挑战，其实既不是人民币汇率，也不是别国的战略挤压，更不是那些大大小小专门找中国不快的噪音。这些方面虽然重要，但不管别人有什么企图，主导权和决策权毕竟在中国自己手中。凭中国目前的经济和军事实力，谁也无法强迫中国。中国面临的最大问题还是在自己内部。中国经济内部不平衡和外部不平衡交织在一起。能否妥善处理外部不平衡，在很大程度上取决于能否妥善处理内部不平衡。

必须以有利于中国自己的方式来解决外部不平衡，否则外部不平衡的解决过程就可能变成加剧内部不平衡的契机，将中国引入长期的经济动荡，出现恶性通货膨胀、房产泡沫恶性扩张、贫富悬殊难以缩小、人民币大幅度升值、经济空心化、经济增长骤然滑坡等问题。

所以，中国必须在这几年内下大决心，以大智慧解决经济社会的主要问题。要分清经济社会面临的主要矛盾和次要矛盾，要抓住要点。在解决主要矛盾方面，要有同时间赛跑的紧迫感，要知行合一，雷厉风行，想到做到，不要为次要矛盾所迷惑。比如在解决贫富悬殊方面，有些人担心"养懒汉"。贫富悬殊是主要矛盾，"养懒汉"是次要矛盾。又比如那些扩大差异的方法和措施，即使有一万条理由，由于会扩大贫富悬殊，恶化主要矛盾，也应当果断停止。

千万不能为次要矛盾所迷惑，举棋不定，左右为难，贻误战机。

而要解决这些问题就必须反思。反思那些不利于解决问题的思潮。反思是行动的前提。

这是一个需要全方位反思的年代。只有那些有勇气反思、认真反思，并且有意志和力量来实现这种反思的国家，才可能把握住动荡年

代带来的无限机会和巨大挑战。在风险和机会交错的历史漩涡里，如何审时度势，对每一个国家和个人都是考验。历史是无情的，未来 10 年将是决定命运的 10 年。有些国家，也许赢得了这 10 年，却输了整个世纪；而另一些国家，可能输了这 10 年，却赢了整个世纪。而那些重复别人错误的国家将落在历史潮流的后面，受到历史的惩罚。

假如下一次经济危机来临，中国能准备好吗？

中国能在下一次危机来临前基本解决自己的问题吗？中国在下一次危机冲击前，是会变得更坚强，还是更脆弱？

第一章
中国的中下层为什么
勤劳而不富有?

我们不能要求大多数人站在我们一边，而只能要求
自己站在大多数人一边。社会的精英关注的不应只是怎
样追逐财富，而是怎样不让自己的富有导致大多数人的
贫穷。

■ 中国目前是低税收国家。

■ 这就是为什么在许多人认为中国政府税收过重的时候，外资还是大量涌进。无利不起早，外资都是用脚投票的。不要以为外资都喜欢交税，专爱往高税收的国家或地区跑。所以，税收不可能是工资占比下降的原因。

■ 中国工资占比和税收占比都比发达国家和许多发展中国家低很多。据此，我们可以推论：中国的资本收益（利润＋利息）占 GDP 的比例远远高于发达国家和主要的发展中国家。这一点也可以从其他经济数据上反映出来，比如这些年中国的社会储蓄大幅度上升，主要是企业存款和富有阶层的存款大幅度上升。

被绑架的中下层

任何一条河流都有险滩。任何一种经济增长方式都可能遇到瓶颈。比如黄河，流久了，泥沙淤积太多，要么疏通，要么改道。这就是转型。

在几十年的高速发展以后，中国经济发展的轨道上也有了一些泥沙淤积。有些曾经推动中国经济增长的客观要素要么不再存在，要么成了进一步发展的障碍。

2008 年的金融危机给中国经济带来巨大的历史机会，在迅速而强劲的经济刺激计划推动下，中国率先复苏，2009 年 GDP 增长率成功保 8。然而中国经济仍然面临深层次的问题。如果不解决，依然可能将中国经济拖入动荡。房地产泡沫、通货膨胀、内源发展不足、贫富悬殊、过度的外汇储备等等，折磨着中国经济。中国围绕世界市场建立起来的许多产业和美元储备，现在面临内外交困、左右为难的境地；金融泡沫、房地产泡沫和过度出口如同癌细胞一样疯狂生长，从中国实体经济和中下层身上吸走了过多的血液和养分，迅速破坏着中国经济肌体总体上的平衡和健康；加速扩大着的贫富悬殊，撕裂着联系中国社会不同阶层的纤维；金融泡沫使那些有能力运作金融资产的群体，利用金融杠杆，以四两拨千斤的方式快速集中巨额社会财富；利益至上、财富至上、利己主义的意识形态正在推动着难以节制的寻租行为……上面这些问题，加上世界范围的经济动荡增加了中国经济的不确定性，使中国经济面临高度风险，一旦失控，可能将中国经济瞬间推入动荡的深渊。

我常常想，在这些复杂的表象下面，中国经济的实质问题究竟是什么？

中国经济几十年的发展，使几亿人摆脱了贫困，这个伟大的成绩是举世瞩目的。从这个角度讲，在这几十年里，中国是少有的几个让中下层人民得到实惠的国家。其他国家如美国、埃及等，经济是增长了，但是陷入贫困的人口比例也增长了。

不过我们也要看到，中国的收入不公已达到了严重的地步。

一个重要标志就是基尼系数大幅度上升。《瞭望》新闻周刊记者王仁贵曾于 2009 年撰文指出：

> 我国在经济增长的同时，贫富差距逐步拉大，综合各类居民收入来看，基尼系数越过警戒线已是不争的事实。来自国家统计局的数据显示，自 2000 年开始，我国的基尼系数已越过 0.4 的警戒线，并逐年上升。1978 年我国基尼数为 0.317，2006 年则升至 0.496。这意味着，中国社会的贫富差距已突破了合理的限度。[①]

一般认为，基尼系数在 0～0.3 之间，表明社会财富分配比较平均；在 0.3～0.4 之间，是正常状态；超过 0.4 就进入了警戒状态；而 0.6～1 则是危险状态。中国的基尼系数，已经进入了警戒状态。

根据世界银行 2009 年的估计，中国的贫富收入差距大约为 1.13 倍。该机构认为，欧洲国家和日本的基尼系数大约在 0.24～0.36 之

---

① 王仁贵：《理性看待基尼系数》，载《瞭望》新闻周刊，2009-05-18。

间，而中国的基尼系数远远高于这个幅度，接近于非洲和拉美的水平。发改委专家杨宜勇先生说，联合国约有 190 多个国家，在有完整的统计数据的 150 个国家中，基尼系数超过 0.49 的不超过 10 个，排名前 10 的除了中国外，就是非洲和拉丁美洲国家。新华社世界问题研究中心研究员丛亚平和李长久则认为，中国的基尼系数可能已经超过 0.5。

基尼系数过高容易导致大规模的经济危机。美国两次最大规模的经济危机都发生在基尼系数创历史最高点的时刻。关于中国基尼系数的估计有不同的版本，如果扣除最高分和最低分，大致在 0.46～0.49之间。即使是 0.46 也已经超过美国 20 世纪 30 年代大萧条时的水平，接近这次大衰退的水平，而 0.49 则远远超过了美国两次最大危机爆发前夕的水平（参见图 1—1）。

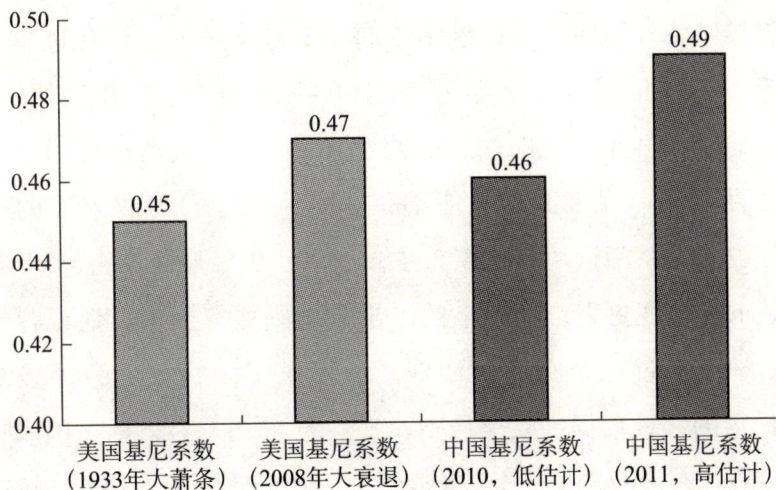

图 1—1　中美基尼系数比较

资料来源：http//en. wikipedia. org/wiki/Gini-coefficient；http：//hb. qq. com/a/20100521/000663. htm；http：// news. cntv. cn/20101216/104506. shtml。

我 2010 年看到全国总工会做的一个调查。这项调查显示，中国劳动报酬占 GDP 的比重连降 22 年，且降幅近 20%。该调查的数据显示[①]：

> 我国居民劳动报酬占 GDP 的比重，在 1983 年达到 56.5% 的峰值后，就持续下降，2005 年已经下降到 36.7%，22 年间下降了近 20 个百分点。而从 1978 年到 2005 年，与劳动报酬比重持续下降形成了鲜明对比的，是资本报酬占 GDP 的比重上升了 20 个百分点。

精确估算中国总工资占 GDP 的比例不太容易，因为要计算所有城乡居民的收入，不仅包括稳定就业者，还要包括兼职者和农民工；不仅要计算货币收入，还要计算实物收入和福利收入。所以，结论就有很多种版本。36.7% 是比较高的估计，也有人估计为 20% 左右。不管怎样，各种不同估计描绘的是同一个趋势，那就是在过去几十年中劳动报酬占 GDP 的比重连续大幅度下降。这些数据讲的还是总工资。如果你再深入分析一层，更为惊人。有的人动辄抱回几十万甚至几百万元，许多人却只能端一小碗米回家。但收入上的不平等，都被工资总额这块布给掩盖了。所以，中下层薪酬占 GDP 的比重，其下降幅度更大。郎咸平的一组数据则更有意思。他说曾经和听课的学生做过一个有趣的游戏。他提供了一些关于劳动报酬占 GDP 比重的背景数据：欧美最高，平均为 55% 左右，南美国家平均 38% 左右，东南亚国家平均 28% 左右，中东地区平均在 25% 左右，非洲国家平均在 20% 以下。他说，如果你认为中国目前的百分比和

---

① 参见《中国劳动报酬占 GDP 比重连降 22 年 急需提高工资》，载《解放日报》，2010-05-17，见 http://news.sohu.com/20100517/n272156984.shtml。

非洲差不多的请举手,大部分人都举手了,结果他说,"举手的人都是非常乐观的人。我告诉你们,我们国家的薪资占 GDP 的比重只有 8%"。郎咸平先生的 8%,是我见过最低的估计了,大约偏低了一点。不过他给出了一个横向比较的参照系。中国工资占 GDP 的比例,在国际上是偏低的。

英国《经济学人》杂志在 2007 年发表了一篇文章叫《中国劳动者的宣言》。它同样指出,

> 近些年来,许多国家都出现了劳动收入在 GDP 中份额下降的情况,但还没有哪个国家下降的情况有中国这么严重。

工资总额在 GDP 中的占比,在经济学上叫分配率,它是衡量国民收入初次分配公平与否的重要指标。工资总额占 GDP 的比重越高,表示劳动者的工资性收入在国民收入的初次分配所占份额越大,社会分配越公平。欧盟 27 个国家 2007 年的分配率为 57.1%。[1] 美国 2006 年分配率为 51.6%[2],2007 年大致相当。而中国 2005 年只有 36.7%。

总之,中国的工资总额在 GDP 中的占比长期、持续地下降,而且比发达国家低许多。

李龙曾撰文指出:平均工资有"劫贫济富"之嫌,会误导政策。[3] 李北陵曾撰文指出:数字富贵,掩盖了分配不公和贫富分化。[4] **如果将工资总额占 GDP 比重持续下降的曲线和基尼系数持续上升的曲线**

---

[1] http://www.ilo.org/wcmsp5/groups/public/@ dgreports/@ dcomm/documents/publication/wcms _ 101660. pdf。

[2] http://www.cbpp.org/files/8-31-06inc. pdf。

[3] 参见李龙:《平均工资统计不能孤芳自赏》,载《广州日报》,2009-05-05,见 news. sina. com. cn/pl/2009-05-05/073417746431. shtml。

[4] 参见李北陵:《平均工资的"数字富贵"掩盖了分配不公》,载《广州日报》,2009-05-06,见 www. chinahrd. net/news/info/40654。

结合起来，我们就可以勾画出中下层的严重困境——他们相对贫困的速度，比工资总额占 GDP 比重的下降还要快。

钱进了资本的口袋

分配不公和贫富差距在过去几十年里如此长期持续地扩大，暴露了一个问题：那就是我们的经济机制里扩大差距的机制比较强大，而共享的机制比较弱小。在扩大差异和共享的博弈中，扩大差异的机制持续占上风。要解决这个问题，关键是要强化共享机制，一定程度上弱化扩大差异的机制。要构建这样的机制，我们首先必须弄清楚一个问题：

工资总额占 GDP 的比重如此长时期大幅度地持续下降，那么钱到哪儿去了呢？

有些人把板子高高举起，全都狠狠地打在政府税收的身上，认为中国工资占比下降的原因是政府税收增长太快、份额太重，因而提出要降低税收，似乎减少政府税收就可以增加工资在 GDP 中的比例。有学者这样设问：劳动者报酬在 GDP 中的比例下降，钱到哪儿去了呢？他的答案是，显然到政府那里去了。

比如，中国政府的税收在 2010 年上半年增长较快，引起了许多民众甚至媒体的热议，不少声音认为政府税收增长过快是工资增长缓慢或贫富悬殊的原因。其实这样的看法不准确。在 2009 年上半年，由于经济增长放缓，政府税收下降了 2.4％。在这个低基数基础上，2010 年经济强劲恢复，税收增长当然就快一些。

美国《福布斯》杂志曾经发表过一个"全球税务负担指数"，将中国列为世界上税收负担第二重的国家。这个由该杂志自主炮制的排名，使许多人误以为中国是税负最重的国家之一。

其实，那种认为政府税收是导致工资总额占比下降的观点，大概犯了一个常识性错误，认为在切割 GDP 这块蛋糕时，只有劳动者和政府这两个主体，完全无视了资本这个主体。

我们先不讨论这个问题。让我们先看看，中国的税负是不是太重？

衡量一个社会或国家税收负担的比较客观的经济标准，不是一个特定的时期税收的增长速度，也不是某些媒体自己炮制出来的排名。**衡量政府税负轻重的标准只有一个，那就是：政府税收占 GDP 的比重。这是基本常识。**那些一味指责政府税收的经济学家们，肯定不会不知道这个常识。

那么，从世界范围来看，中国税收总量占 GDP 的比重究竟是高还是低？

我查了许多资料发现，中国政府的税收占 GDP 的比重，比美国，比所有发达国家，比许多发展中国家都低，而且都低得多。比如，根据美国传统基金会公布的数据，在世界上 178 个经济实体中，从高到低，中国大陆税收占 GDP 的比重排名第 105 位，在世界上是偏低的。又比如，根据国际货币基金组织公布的 2008 年的数据，24 个发达国家的平均税负是 45.3%，29 个主要新兴国家平均是 35.5%，而来自中国的统计显示，中国同期只有 17.9%，比发达国家的平均数和主要新兴国家的平均数都低一大截（参见图1—2）。而 2008 年财政总收入占 GDP 的比重是 20.5%，也是偏低的。

中国目前是低税收国家。

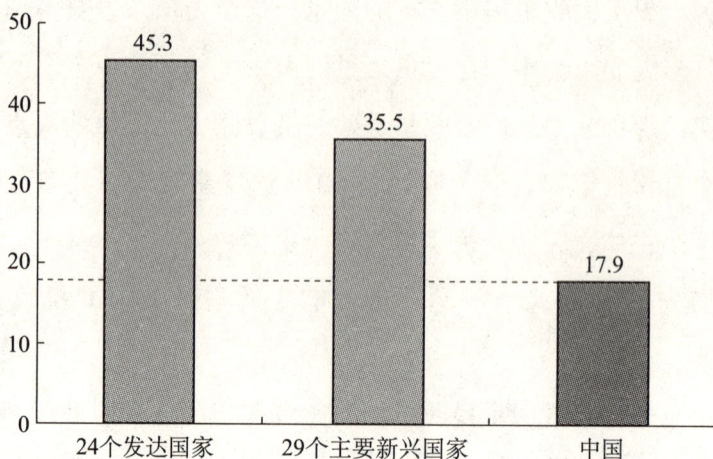

图1—2 税收占 GDP 比重的多国比较 （2008）

这就是为什么在许多人认为中国政府税收过重的时候，外资还是大量涌进。无利不起早，外资都是用脚投票的。不要以为外资都喜欢交税，专爱往高税收的国家或地区跑。所以，税收不可能是工资占比下降的原因。

西方那些国家，税收占 GDP 的比重比中国高出许多，按有些人的观点，是不是这些国家的工资总额占 GDP 的比重就低很多呢？不是的。我们在前面已经用数据指出，它们的工资占比高于中国。

说税收导致工资总额占比下降，不仅有违实证数据，而且还违反经济学常识。一个国家的 GDP 在扣除折旧、扣除某些非直接的税收、扣除来自海外的净收入这三项以后，就变成调整后的 GDP。这个调整后的 GDP，简单地讲，可以分解成四大块：工资、利润、利息（包括地租），以及自雇者（self-employed）的收入。即：

调整后的 GDP＝广义工资＋利润＋利息＋自雇者的收入

这就是许多经济学家讲的初次分配，或按要素分配。在这一过程

28

中，政府税收并不介入。税收介入是再分配的事。

让我们将上述公式简化一下。将利润和利息（地租）看成广义的资本收入，将工资和自雇者的收入看成广义的工资，我们就得到一个简化了的公式：

调整后的 GDP＝广义工资＋广义资本收益

这个公式告诉我们这样一个常识：**在初次分配中，工资和资本收益成消长关系。资本收益过高是工资总额占 GDP 的比例长期下降的主要原因。**这就是为什么上文那份总工会的调查会发现，在工资占比下降 20％的时候，资本收益占比上升了 20％（参见图1—3）。

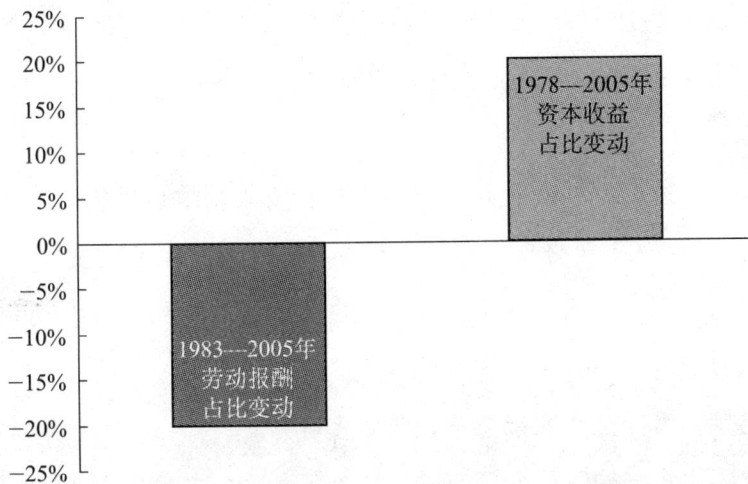

图1—3　劳动报酬占比和资本收益占比的剪刀差

根据上面的数据，中国工资占比和税收占比都比发达国家和许多发展中国家低很多。据此，我们可以推论：中国的资本收益（利润＋利息）占 GDP 的比例远远高于发达国家和主要的发展中国家。这一点也可以从其他经济数据上反映出来，**比如这些年中国的社会储蓄大幅度上升，主要是企业存款和富有阶层的存款大幅度**

上升。

钱进了资本的口袋。

哈佛教授尼亚尔·福格森（Niall Ferguson）也曾经指出，从2000年到2008年，在中国的企业其利润以超过经济增长率的速度上升。如果2000年企业的利润为100的话，那么，到了2008年则高达800。[1] 而同一时期，中国劳动者的收入增长相当缓慢。也有人根据世界银行的数据和亚洲经济数据库（CEIC）的数据计算出，从1995年到2004年，单位产品里的工资含量持续下降，而单位产品里的利润含量则持续上升。尤其是从1995年到2001年，单位产品里的工资含量加速度下降，而利润含量则加速度上升。那段时间，正是国企私有化比较快速的时期。有兴趣的朋友可以自己找数据去算一算。

总之，过去有一段时间，劳动报酬和资本报酬以剪刀差的方式此消彼长。结果GDP的增长缺乏包容性，许多人面临相对贫困。所以，中下层的贫困不是政府税收占GDP的比重太高所致，而是劳动和资本之间分配极度不公正导致的。

但是，为什么大家都感到税收太多呢？

这同税收结构不尽合理有关。比如，税收结构没有反映已经变化了的经济现状。有些税率在制定之初是合理的，现在可能就变得有些陈旧了。结果应该加征的没有加征，应当减征的没有减征，导致税负不合理。以个人所得税的起征点为例，2 000元的起征点，当初是恰当的，但是，由于这些年通货膨胀的积累和贫富差距的扩大，现在来

---

① Niall Ferguson and Moritz Schularick. The End of Chimerica. Working Paper of Harvard Business School.

看就太低了。如果不调整这个起征点，相对通胀以前的情况，中下层的实际税负就增长了，甚至有可能这个阶层税负的份额都相对增加了。中下层是人口中的大多数，所以，多数人就感到税负太重，就抱怨政府税收太高。在房价、医疗费用、教育费用以及其他物价大幅度上升以后，现在的2 000元是什么概念大家应当都知道，有朋友告诉我，在一线城市维持基本的生计都不易，还要交税，自然有些牢骚。我们前面提到，中国政府税收占GDP的比重从世界范围看是比较低的，这是事实。但是由于税负结构有些不合理，导致了广大中下层感到税负太重，这也是事实。所谓税负不合理，就是相对于富有阶层来讲，中下层税负比较重。

调整税负结构有多种办法，例如，大幅度提高个税的起征点，同时增加高收入的累进税率，征收资本收益税等等，降低中下层的税负在税收总额中的份额，增加富有阶层的税收份额。这样，即使税收占GDP的份额不变，大多数中下层也会感到税负的降低。

关于税收的争论非常重要！

中国正处于发展转型期，正在兴办许多惠及全民、缩小贫富差距的事，比如建立农村医保和社保、提高城镇退休职工社保标准等等，而且还会有新的举措。这些举措的每一项都是巨大的财政支出。**如果像有些人提倡的那样，中国应当在本来低税收的基础上，再降低税收、增加资本收益，那么，中国只有两条路：要么终止这些民生举措；要么国家举债来办这些民生项目，走西方那种富人减税、政府举债的道路。西方的教训证明，这条道路走不通，不可持续。**

经济乱象的始作俑者

严重的收入分配不公，是内需不足、出口导向、房地产泡沫、流动性过剩等的始作俑者。

我们来逐一分析。

工资占 GDP 比重的下降，自然导致消费占 GDP 的比重逐年下降，导致内需相对下降。这个下降趋势发生在如下背景中：富有阶层奢侈成风。以世界上那些著名的奢侈消费品为例，都把中国市场当成摇钱树，中国市场成了它们下金蛋的大母鸡。许多奢侈品专门有中国市场价格，也就是说，专门针对中国有钱人抬高价格。据我观察，在美国购买欧美著名品牌，即使扣除关税因素，也比在中国便宜很多。所以，如果扣除富有阶层的这些奢侈消费，中下层的消费占 GDP 的比例，下降得更加严重。

内需的相对下降，使得国内市场容量太小，导致了出口导向，形成对外部市场的依赖。

出口导向换回大量外汇。这些外汇再从央行手里换出大量的人民币。出口导向就这样推动央行的印钞机，导致流动性过剩。有人估计，仅此一项，央行多发了超过 12 万亿人民币。

同时，收入分配不公，工资相对萎缩，资本收益大幅度增长，导致财富高度集中。

财富高度集中＋流动性过剩，导致大量的闲钱出现。在内需不足的情况下，这些钱向哪儿流动？

要投资实体经济，内需不足，产品很难卖出去，弄不好还会亏本。所以这些无法流入实体经济的闲钱，最后流入了房地产，流入了流通领域。这就吹出了房地产泡沫、催生了通货膨胀。

这些泡沫和通胀，反过来导致更严重的贫富悬殊和流动性过剩，从而刺激更严重的泡沫和通胀，形成恶性循环。

现在，中国经济就出现了财富高度集中＋流动性过剩的双星座。

财富高度集中和流动性过剩，分开看已经是大问题，二者同时出现，它们的巨大动能就呈几何级数增长。因为在这种情况下，少数拥有巨大社会财富的人和机构，可以通过杠杆效应将巨大的流动性集中起来从事投机。巨大的流动性具有像洪水一样的冲击力，一旦流向某个领域，将导致巨大的泡沫，最后冲垮一切。打个比方吧。流动性过剩如同下暴雨，财富集中如同地势陡峭，如果暴雨下在平原上，固然容易成灾，但由于地面平坦，雨水比较分散，还有可控性；但是如果下在山区，雨水被集中起来形成一个又一个的堰塞湖，控制不好，瞬息之间就溃堤而去，让一切崩溃。你看看当今世界，任何经济体一旦出现这个双星座，哪一个逃脱了泡沫和危机的命运？

贫富悬殊，流动性过剩，加上通胀是当今中国经济最大的风险。而它们的根就在收入不公。

是谁绑架了中国经济？是收入分配不公绑架了中国经济！它导致了贫富悬殊，导致内需不足，导致出口导向，导致流动性过剩，导致房地产泡沫和通货膨胀。

要根本解决中国的经济乱象，关键就是要从解决收入不公入手，抑制绑架中国经济的那只不公正的手。

而解决这个问题，要双管齐下：初次分配和再分配一起抓。

钳制中国经济的"铁三角"

"富的更富，穷的更穷"这种不公平的收入分配方式，催生了"贫富悬殊—内需不足—出口导向"这一恶性循环。我们把它称为"铁三角"（见图1—4）。

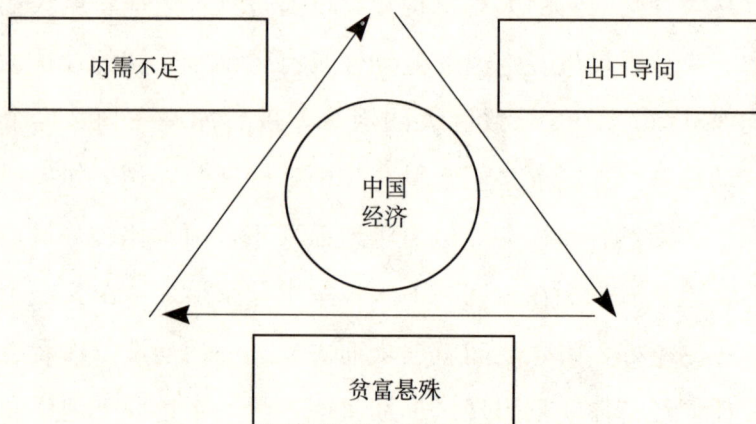

图1—4　钳制中国经济的"铁三角"

具体讲，贫富悬殊导致内需不足，内需不足导致对出口导向的依赖，而出口导向导致更加严重的贫富悬殊和内需不足。三者环环相扣，催生出许多中国经济问题。它大规模地制造贫困，大规模地制造内需不足，大规模地制造财富外流，大规模地制造流动性过剩，大规模地制造房地产泡沫，最后大规模地制造通货膨胀。不仅如此，由于出口导向产业主要集中在世界产业链的底部，所以，它还大规模地制造低水平的数量扩张。

这个"铁三角"是怎样形成的呢？

从历史进程来看，出口导向战略是分配不公、贫富悬殊扩大、内需不足的产物。20 世纪 90 年代，中国经济出现了两股风潮。一是工人大批下岗。许多职工由于失去工作和社会保险，迅速沦为贫困阶层，导致消费需求严重不足。二是国有企业大批倒闭，原有产业链迅速断裂，导致产业需求严重不足。当时经验不足，再加上又确立了通过扩大差距来推动经济增长的思路，没有切实看到贫富悬殊、内需不足的严重性，而是另寻出路，从增加总需求的思路出发，向海外市场寻求突围。出口导向战略由此形成，成为内需不足的替代品。

后来，由于缺乏必要的配套措施，加上某些市场化和私有化过程，过度刺激了赢利动机，中国经济开始步入了"非就业"繁荣和"低工资"繁荣。在某种程度上，中国出现了越增长，贫富悬殊越大，内需越相对萎缩，对海外低端市场依赖越严重的困局。"铁三角"就此开始牢牢钳制住中国经济。

这个"铁三角"犹如一部财富挤压机，将财富从内地挤向沿海，从穷人挤向富人，从中国挤向国外，导致巨大的内外不平衡，导致中国经济严重二元化。一方面是内源发展不足，一方面是出口导向畸形繁荣；一方面是极端的富有，一方面是相对的贫困；一方面是空前的繁荣，一方面是比较尖锐的局部不和谐；一方面是内需不足，一方面是房地产泡沫和通货膨胀。

中国经济的这个"铁三角"，也可从经济学上得到解释。根据宏观经济学，我们可以得出这样一个公式：

贸易余额＝GDP－消费－投资－政府支出

这个公式的经济学含义非常简单。一个国家的贸易状况由消费、投资和政府支出决定。当这三者的总和大于 GDP 的时候，上述等式的右边就是一个负数，该国家就出现贸易赤字；反之，当消费、投资和政府支出小于 GDP 的时候，这个国家就出现大量贸易盈余。

让我们看看中国的投资、消费和政府支出同大规模贸易盈余的关系。

首先，投资充足。中国投资占 GDP 的较大比重，从数量关系上讲，不太可能是导致贸易盈余的主要原因。

其次，消费不足。由于分配不公导致贫富悬殊，中下层消费不振，中国居民总消费占 GDP 的比重出现长期下降，长期相对萎缩。

最后，政府支出不足。本来，政府支出在一定程度上可以起到间接改善收入分配、缓解贫富悬殊的作用。但是，随着许多公共产品的产业化和社会保障体系的解体，相当大一部分原先的政府支出要求工资收入者自行承担。政府支出的不足，间接扩大了分配不公和贫富悬殊。

所以，中国持续大规模的贸易顺差的主要原因是：初次分配和再次分配不公带来的消费相对萎缩和公共支出不足。

消费相对萎缩和政府支出不足的另一面就是财富高度集中、贫富悬殊急剧扩大。财富高度集中带来了一个重要经济现象，那就是社会储蓄增长过快。过去几十年，中国的国内总储蓄率呈现强劲增长的趋势。

在分析中国社会储蓄强劲增长时，我们要注意一个关键问题：谁的储蓄率在强劲增长。

据世界银行驻北京经济学家路易·奎伊斯的研究，中国家庭储蓄在 GDP 中所占比例从 20 世纪 90 年代中期的 21％下降到了 2006 年的

15％。而涉及个人可支配收入的储蓄率则已经从超过 30％ 下降到了 25％。奎伊斯讲的还是中国家庭储蓄这个总量,如果考虑到分配不公,中下层储蓄率下降的速度比这还要快。所以,**社会储蓄的强劲增长,主要是富有阶层和企业储蓄的强劲增长,它是财富集中的标志**。

所以,从经济理论来讲,这些直接或间接的收入分配不公导致了内需不足,相当于强制性地将本来属于中下层的蛋糕中的一部分,挤压出来变成少数人的财富,形成财富集中,变成经济总体中的过度储蓄。这种过度的储蓄,流向了国外,变成贸易盈余。这就形成了我们所说的"铁三角"。

"铁三角"不是简单的理论推论,有数据为证。有些人认为中国的贸易盈余太高或储蓄太高是由于文化的原因。有些人甚至公开感叹,要让中国人花钱太难。好像中国的普通家庭有钱花不完;似乎中国人节俭的传统应当为过度增长的贸易盈余负责;似乎我们祖先的节俭美德也应当为此负责;似乎读者中那些平凡普通的你我他要为此负责。其实,这不是一个文化现象,这是一个分配现象,是分配不公和贫富悬殊导致的。在过去相当长的一段时间内,中国的居民储蓄占 GDP 的比例几乎没有什么变化,而贸易盈余在同一时间内每年以两位数字增长。所以,普通人的储蓄或节俭不是导致大量贸易盈余的原因。从 2000 年到 2008 年,中国的贸易盈余增长了 12 倍,而公司存留的利润增长了 8 倍,中国还以世界一流的速度制造出世界顶级的富翁。有人估计中国亿万富翁的数量,同俄罗斯并列世界第一。在制造亿万富翁方面,中国在短短的几十年,走过了许多国家几百年走过的道路。这些公司和富有阶层的储蓄是贸易盈余的主要来源。

在这里,我们声明,提高中国经济的国际竞争力,是中国持续发展的关键要素之一。我们质疑的是，将这种竞争力建立在分配不公和贫富悬殊的基础上，质疑的是这个建立在分配不公基础上的"铁三角"。我们提倡建立在公平基础上的国际竞争力。

要解决当前中国的许多问题，必须破解这个"铁三角"；要破解这个"铁三角"，必须解决贫富悬殊问题；要解决贫富悬殊问题，必须实现社会公正；而要实现社会公正，必须下决心解决收入分配不公。

这，是解决中国经济内外不平衡的牛鼻子。

第二章
各国政府最刺激的任务

　　当今世界竞争的关键，是总需求的竞争。在未来
10～30 年间，谁能成功地制造出不断高速增长的总需
求，谁就能在经济增长的竞赛中拔得头筹，谁就可能最
终统治这个世界。

- 在缓慢的世界经济增长中谋取自己较快的增长，这大概是当今世界经济体间最大的矛盾。

- 总需求竞争的关键，是制造有效需求。这是当今世界各国政府面临的最刺激、也最有挑战性的任务。

- 所以，关于公平正义的竞争，是未来几十年最重要的竞争。这就是比其他各种竞争都更加重要的"第 N 维"的竞争。

- 谁能迅速果断地解决自己国家内部的收入分配不公问题，制造出足够的内部需求，解决自己的生产过剩，谁就能站在冠军的领奖台上。

- 就目前世界各国的情况看，中国是最有可能解决这个问题的国家。

未来几十年最重要的竞争

通过对中国经济现象和经济理论的分析，我们不仅抓住了绑架中国经济的手，而且还有了一个新的发现。**公平正义原来是一个经济学的范畴！**完全不像许多经济学家宣称的，公平正义仅是一个道德范畴。

让我们从世界大局来看看公平正义的意义。

有些经济学政策建议让人喜欢不起来。因为，有些经济学文章不仅烦琐，而且往往捡了芝麻丢了西瓜。例如，有些学者喜欢说，现在世界上最重要的竞争，是关于人才、信息、金融、技术、市场等方面的竞争，所以，提出了许多相关的建议。这些说法当然都正确，但是，我们不能忽视时代特征，忽视我们时代里最关键的一种竞争。我们要避免这种"正确"的错误。

在我们所处的时代，哪个领域是最重要的竞争领域呢？

这要从当今世界经济格局谈起。当今世界经济最大的问题是有效需求不足。有效需求不足是一个宏观经济学概念，它讲的是在一定时间内，一定的价格水平上，全世界对最终产品和服务的需求总和，也可以理解成全世界对最终产品和服务的支出总和。这个购买力的总和，目前大大低于世界最终产出的总和。

世界性总需求不足，就是马克思讲的世界性生产过剩。

有效需求不足，产品就很难卖出去，企业就不能全面开工，就不能雇用更多的工人，就不能提高工人的工资。结果，失业率居高不下，经济增长放慢，世界各国对全球经济增量的竞争越来越激烈。每个国家，都想在越来越缩小的全球经济增量中获取最大的份额。

在缓慢的世界经济增长中谋取自己较快的增长，这大概是当今世界经济体间最大的矛盾。

所以，当今世界竞争的关键，是总需求的竞争。在未来这 10～30 年间，谁能成功地制造出不断高速增长的总需求，谁就能在经济增长的竞赛中拔得头筹，谁就可能最终统治这个世界。

总供给大于总需求的那个缺口，就成了徘徊在世界经济头顶的一个幽灵。世界经济的竞争，在某些人那里就变成了驱赶这个幽灵的竞争。如同赶麻雀一样，有些人绞尽脑汁，要把麻雀赶到别人的稻田里。比如说吧，假如未来 10 年，由于总需求不足，美国经济只能年均增长 2％左右；中国一旦成功解决了贫富悬殊问题，则可以年均增长 8％以上。因此有人想把中国的总需求挤一点出来，弄到自己的田里，那是非常可以理解和预期的。

总需求竞争的关键，是制造有效需求。这是当今世界各国政府面临的最刺激、也最有挑战性的任务。

怎样才能成功制造有效需求呢？

我们在钳制中国经济的"铁三角"一段中已经讨论过，解决贫富悬殊问题是制造总需求最有效的手段。其实这也是当今世界各国的共同命题。

"生产过剩"是相对贫困化导致的。而相对贫困化，又是收入分配不公和财富分配不公导致的。这是一个吃不完的蛋糕和吃不饱的肚子并存的世界。中下层有消费的愿望，而社会的分配体制没有为他们提供足够的支付手段。这种消费愿望无法变成有效需求，蛋糕就只好放在那里发霉变质，很难再做大，GDP 就很难增长。

不公平是生产过剩的始作俑者。做到公平正义，解决收入分配不公，解决贫富悬殊，把钱放在中下层的手上，将他们许多潜在的需要变成有效的需求，就成了当今世界各国制造内需的共同出路。喜欢刨根问底的朋友也许会问，是什么导致不公平呢？这个问题太大了，让我们留在后面慢慢解答吧。

所以，关于公平正义的竞争，是未来几十年最重要的竞争。这就是比其他各种竞争都更加重要的"第 N 维"的竞争。

谁能迅速果断地解决自己国家内部的收入分配不公问题，制造出足够的内部需求，解决自己的生产过剩，谁就能站在冠军的领奖台上。

就目前世界各国的情况看，中国是最有可能解决这个问题的国家。为什么这样讲？有几个原因。

第一，尽管中国存在严重的贫富悬殊问题，但这个体制的精神还是公平的，这个体制真正的和最终的依靠对象主要还是广大中下层，别无选择。它所要达到的最终目标还是共同富裕。尽管贫富悬殊已经成了经济现实，但是这个经济现实同广大中下层的利益是有矛盾的，同这个体制所坚持的价值是有矛盾的。这个矛盾的存在，就提供了解决贫富悬殊的前提。而世界上另外一些国家，也存在着贫富悬殊问题。但是，贫富悬殊同其体制并不构成矛盾，反而是公正同其体制构成了矛盾。在世界资源竞争中，有人需要在中国推进贫富悬殊。而为了在中国推进贫富悬殊，就必须改写中国体制的价值和精神。争论的原因就在这里。

第二，在当今世界大国里面，中国是唯一一个将解决贫富悬殊问题作为国家战略决策提出来的国家。这同美国回避自己的经济问题是不一样的。

第三，中国不会出现下面这类现象：政府要解决贫富悬殊问题，议会可能通不过；即使通过了，也可能被法院判为违宪。比如，20世纪40年代以前，美国最高法院曾经多次判决《最低工资法》违宪；本世纪的第10个年头，美国有家联邦法院，裁决刚刚通过的《医疗保险法案》中的某些内容违宪等等。这些现象在中国不会发生。

第四，尽管中国同西方国家一样面临贫富悬殊、内需不足、生产过剩，但是中国毕竟是世界上最大的债权人，没有美国的两个"软肋"——消费者债务和政府债务双高的问题。单纯解决贫富悬殊问题，比既要解决贫富悬殊，又要去杠杆化容易得多。而且中国的税率总体上讲也比较低。几乎无债一身轻的政府，通过提高税收构筑起普遍的社会保障网是一件相对容易的事。

去杠杆化：简单来说，"杠杆化"就是借债进行投资运营，以较少的本金获得较高收益。"去杠杆化"就是减少使用金融杠杆，把原先通过各种方式借到的钱还回去的潮流。单个公司或机构"去杠杆化"并不会对市场和经济产生多大影响。但是如果整个市场都这样做，就可能导致流动性收缩和经济衰退。

第五，在中国，权力还没有完全被金钱统治。尽管出现了腐败现象，但是像有些国家那种公开的钱权交易毕竟为法律和道德所不容。所以，解决贫富悬殊的可能性，比其他国家高。

帝国的夕阳

美国的前景则比较黯淡。美国面临消费者债务过度和政府债务过度的双重问题。这两个问题的背后推手都是收入分配不公。

可能许多读者会问，美国的问题不是寅吃卯粮、消费过度吗？怎么是收入分配不公、总需求不足呢？这大约要从20世纪80年代初期讲起。

从"里根革命"开始，美国的收入和财富迅速集中在少数人手中，贫富悬殊越来越严重。收入分配不公的一个方面，是中下层收入增长缓慢，甚至相对下降，不得不靠借贷度日。表面上看，美国中下层的相对于其收入过度消费，其实这是收入相对下降的结果。在五六十年代，美国一个蓝领工人以其一人的工资，就可以养活全家，还可以买房买车，这就是当年的"美国梦"。这几十年来，中下层的相对工资收入不断下降，难以养家，于是出现了许多双薪家庭。繁重的生活压力，使美国年青一代中出现了许多 D. I. N. S 和 D. I. N. K 家庭。前者是指双薪而没有性生活的家庭（Double Income No Sex），后者是指双薪而没有孩子的家庭（Double Income No Kid）。即使这样许多中下层仍然难以度日，不得不从银行和信用卡上打主意，靠借债补贴家用。结果就出现了家庭债务过高的恶果。美国家庭债务相当于 GDP 的 100％，已到了难以为继的地步。美国中产阶级正在全面沦陷，失业大军的平均失业时间长达 29 个月。

收入不公的另一个方面是大量减免富有阶层的税负。美国政府债务是由于大量减税导致的。减税的结果是将原本属于国家财政收入的那一部分，放到了富人的金库里，是地道的"藏富于'民'"。在美国，共和党主张减税，而民主党主张社会保障。两党较劲的结果，一方面减税，一方面维持社保。财政收支不是变戏法。既要减税，又要维持社会保障体系，于是美国政府只好举债。结果几十年下来，美国政府债务迅速上升。

美国社保基金存在潜在赤字，许多州债台高筑，各类退休金计划赤字高达数万亿美元，房市乍暖还寒，许多临近退休的人终身积蓄被洗劫一空，"婴儿潮"一代（1946—1964年出生的人）退休浪潮即将来临……每一项都有可能成为压垮骆驼的最后一根稻草。

对美国而言，正确的办法是增加富有阶层的累进税，增加中下层的收入，振兴教育，提振产业，这也是奥巴马竞选总统的主题之一。罗斯福当年一就任就将最高所得税税率提高到79%，最后提高到90%以上。但是，奥巴马想终止布什对富有阶层的免税法案，将最高所得税税率恢复到39%都困难重重。2010年中期选举，奥巴马完败，美国富人减税的梦得以继续。2010年底，奥巴马同共和党妥协，延期两年终止布什的减税法案。在这个问题上，美国的民意是什么呢？根据民意调查结果，大多数美国人希望：（1）减少赤字；（2）不同意减税；（3）不减少福利。然而，**在决定美国未来走向的关键时刻，民意对政策没有多少影响。美国的那一套带有非常浓烈金钱味道的政治游戏规则，没有将正确的民意转变成政策，而是恰恰相反，走上了一条背离民意的错误道路。**

在这条道路上，美国政府这边厢给富人减税，那边厢实施"量化宽松"，同时对人民币开刀，根本没有要解决自己实质问题的打算。仅税案一项，美国政府在未来几年的债务就将增加大约9 000亿美元。美国依然走了一条依靠印发钞票来竞争的老路。从中长期看，美国政府的这些政策不仅不能解决现有问题，反而会使问题更加严重，很难创造出可持续的、充分的有效总需求，甚至可能为下一次金融危机埋下种子。

美国的党派对立以及富有阶层同其他阶层在寻求解决经济问题出路上的分歧，从来没有像现在这样严重。在现在的政经格局下，美国近几年走出困局的几率很小，更不要说解决问题。如果美国不能成功地解决自己的问题，将可能因此进入一个长期的低增长时期，美国的衰退将不可避免。

这一点，其实美国政商界许多人都看到了。面对这种可能的结局，怎么办？在无法有效解决内部问题的情况下，美国有可能向外寻求出路，渐次推行货币贬值、贸易壁垒、金融战争、军事介入等等。这将给中国的出口导向带来严重的挑战。

北非动荡烧掉了"华盛顿共识"

在埃及动荡的时候，许多人从自己的口袋里拿出符合自己利益的标签。当时，有位朋友从中东给我发了一条非常简洁的短信，说："人家是在追求公平，兄弟！"非洲是在用颠倒现实的方式，来颠倒被"华盛顿共识"颠倒的逻辑。通胀点燃的火焰，烧掉的不仅是非洲某些国家的稳定，还烧掉了"华盛顿共识"和某些国家经济模式的道义优势。**有人说，一切历史都是当代人诠释的历史；其实，所有未来都是当代人选择的未来。**导致非洲动荡的原因，也导致了美国经济的持续衰退。

几十年来，这个世界一直存在着两种选择和两条道路的争论：一个是"华盛顿共识"；一个是承认市场的缺失，花大力气解决公平正义问题，使资源的配置以较公平的方式向中下层倾斜。

时至今日，这两条道路也是有争论的。巴西刚刚卸任的总统路易斯·伊纳西奥·卢拉·达席尔瓦（Luiz Inacio Lula da Silva），2011年2月在世界社会论坛上就指出，"资本主义已经死亡"。①非洲人在街头上解决这个争论。也许，非洲动荡过去以后，"华盛顿共识"会逐步减弱，极端的私有化和市场化，可能会让步于一定的社会公正。

读者可以看看南美洲的例子。美国一直把南美当成自己的后院。南美洲在20世纪70年代期间出现了一连串的军事政变和军事独裁政权，这些政权相继在南美大规模地推动私有化和市场化，算是率先搞了经济自由化。这些经济自由化，导致了南美严重的收入分配不公和贫富悬殊，同时将南美推入了债务危机，前面几十年的发展成果毁于一旦。20世纪最后几年和21世纪，南美相继出现了许多左翼政权，经济政策大幅度地向中下层倾斜。在许多国家大规模实施私有化的时候，南美许多国家在不同程度、不同范围上对关系国计民生的产业实施了国有化。**在过去的十几年，有一个值得人深思的现象：原本为南美而提出的"华盛顿共识"在不同程度上受到了许多南美国家的抵制，而在世界其他许多地方却大行其道；美国可以在全世界搞"颜色革命"，搞垮许多国家的政府，但是，对其眼皮底下的南美却无能为力。**

为什么？因为，南美人民对那套东西有亲身感受。

"华盛顿共识"提倡私有化和市场竞争。让我们用罗斯福的一句话来回答那些认为竞争至高无上的观点。

----

① 参见 http：//desk of brain. com/2011/02/luiz-inacio-lula-da-silva-former-brazil-prez-capital-ism-is-dead/。

竞争已经显示出它在达到某一点以前是有效的，过之则谬。但是，我们今天必须为之奋斗的合作，就在竞争失效的时候开始。

——罗斯福

在如今这个动荡的世界中，如果中国希望继续依靠外部市场来实现崛起的梦想，比任何时候都更不现实。所以，中国要把主要精力放在解决贫富悬殊和实现公平正义上面，达到提振内需的目的，这比以往更加重要，更加迫切，因为这才是自己可以直接有效控制的领域。

第三章
贫富悬殊是块活化石

贫富悬殊，不是新现象。它是人类社会的活化石，蕴涵着丰富的历史信息，承载着几千年的历史基因，折射着古今中外的兴衰更迭。从某种角度上讲，许多宏大的历史演绎，就微刻在这一活化石上面。严重的贫富悬殊导致社会衰退。前车之鉴，中外都有。

■ 经济的逐步解体，迫使古罗马更迅速地扩张，以寻求新的财源。在被征服地，帝国横征暴敛，导致更广泛的贫富悬殊，引起了严重的社会动荡和反抗。古罗马就这样逐步走向最终的衰落。所谓蛮族的入侵，只是压倒骆驼的最后一根稻草。

■ 在中国，极端的贫富悬殊是历史周期律的推手。中国历史上有一个独特的周期律——极端的不公导致社会的崩溃，从而达到新的相对公平，周而复始。

■ 简单说来，罗斯福对资本来了两手："均"和"抑"。世家出身的罗斯福，让同样世家出身的许多人，感到了背叛。直到今天，许多世家出身的精英依然不能原谅罗斯福，从他们的角度说他是社会主义者、共产主义者。

古罗马的陨落

古罗马是建立在奴隶主独享政治权利基础上的公民社会。古罗马根据财富的多寡将公民分为六个阶级。这六个阶级大体分为两部分，一部分是富有的精英阶层，如贵族和长老等（patrician），一部分是贫民阶层（plebeian）。此外是奴隶和妇女——他们是不享有任何公民权的，完全被排斥在古罗马政治过程之外。贫民阶层占罗马公民的大多数。但是，富有阶层几乎垄断了古罗马所有的政治资源。元老院和那些所有选举和任命的官员都来自于顶层最富有阶层。后来由于下层公民的抗议，才成立了下层公民的"议会"，专门处理下层公民的事务。这两个阶级矛盾重重，二者之间的贫富悬殊导致古罗马长期不断的内部动荡，最后导致古罗马走向消亡。

古罗马公民尤其是下层公民是农工商和艺术的主体。古罗马是当时最强大的帝国，对外战争常年不断。下层公民被迫从军，是古罗马强大军事力量的主体，是帝国扩张的主力。但是，古罗马的法律却规定，这些血洒疆场的草民不能分享任何战利品，战利品全部属于富有阶层或精英集团。从军就不能从业，打仗就不能做生意，下层公民在帝国的扩张过程中，百业荒废，日渐贫困。随着贫富悬殊的加剧，许多下层公民贫困潦倒。他们只有两种选择：要么破产，要么依附于富有阶层。下层阶级开始解体。随着下层阶级的逐步解体，罗马的公民社会也开始解体。社会结构的这种崩溃，反过来进一步摧毁了罗马的经济结构，导致生产方式的解体，导致政府税源的日渐匮乏，导致兵源的日渐短缺——破产的贫民，同时也失去了为帝国而战的动力和荣誉感。

经济结构的崩溃和对外扩张的政策，导致古罗马帝国经济凋敝，通胀失控。对古罗马的下层公民来说，帝国扩张的军功章上有他们的一大半，而帝国的超级繁荣却没有他们的份。十五的月亮，总是为古罗马的富有阶层圆的。精英阶层则骄奢淫逸，道德败坏，进而导致整个社会道德沦丧。曾经让古罗马伟大的荣誉感终于被物欲取代，曾经让古罗马强盛的进取精神在富有阶级的奢靡中逐步崩塌。精英集团的荒唐和自私，导致价值、理想、传统的全面丧失。

富有阶层对财富的占有还带来的另外一个后果。作为世界上最繁荣和最富有的帝国，古罗马政府债台高筑，长期面临破产的威胁。走向衰败的古罗马算是一个典型的"藏富于富"的帝国。帝国精英的瞎折腾，令后人侧目。例如，富有阶层为了满足从东方进口奢侈品的欲望，大量输出黄金和财富，后来弄得帝国黄金匮乏，穷困得连铸造货币的黄金都凑不齐，于是就只好"量化宽松"，乱铸钱币，导致通胀更加严重。

古罗马的残垣断壁

经济的逐步解体，迫使古罗马更迅速地扩张，以寻求新的财源。在被征服地，帝国横征暴敛，导致更广泛的贫富悬殊，引起了严重的社会动荡和反抗。古罗马就这样逐步走向最终的衰落。所谓蛮族的入侵，只是压倒骆驼的最后一根稻草。[1]

---

[1] 参见 http://www.roman-colosseum.info/roman-empire/causes-for-the-fall-of-the-roman-empire.htm。

同帝国一起沉沦的，是古罗马的所有阶级，富有阶层也未能幸免。

中国的历史周期律

让我们回过头来，看看我们自己的历史。从中国几千年的历史来看，解决收入不公、实现公平正义的历史意义在哪里？

我是学经济的，喜欢到历史领域里面串门。历史可以为我们提供一个宏观的视角。许多社会历史现象，孤立地看和放在历史大背景里面看，很多时候结论是不一样的。

在中国，极端的贫富悬殊是历史周期律的推手。中国历史上有一个独特的周期律——极端的不公导致社会的崩溃，从而达到新的相对公平，周而复始。

这只看不见的手，在很大程度上支配着中国的历史进程。

几千年前的一个夜晚，有一群困居大泽乡的衣衫褴褛的农民，将写有"陈胜王"三个字的布条，塞进了一条鱼的肚子里。他们可能没有意识到，他们那几双粗粝的手，将一种独特的周期现象塞进了中国历史。中国的中下层人民启动了他们推动历史的独特方式。从那以后，几乎每个朝代都经历了一个从相对公平，到不公平，到极端不公平，到下层人民无路可走，最后推翻重来这么一个周而复始的过程。而每一个朝代在结束前夕，生产能力大幅度提高，财富高度集中，几乎都出现了畸形的"精英繁荣"，尤其是出现了土地高度集中。现在有些人认为土地集中就是社会化，而在中国历史上，几乎所有朝代末期，土地"社会化"的程度都非常高。我常常想，这个由不公正推动的，通过下层人民迫不得已而联合起来实现的周期律，是不是中国最重要的国情之一？是不是中国有别于其他国家的主要历史传统之一？中国在学习借鉴其他国家的历史经验时，又是否能离得开这个国情？

那些研究中国历史的人都知道，在这个循环往复的周期里，几乎每一个能赢得200～300年长治久安的朝代，都是从打破原有社会结构，通过"均田"实现相对公平开始的。在农业社会里，"田"即土地，是最主要的生产资料，如同今天的资本。所谓"均田"当然是没有土地的人均豪门的田，而不是有钱的豪门均穷人的田。这似乎是每个朝代的必修课。那些没有做好这门必修课的朝代往往都成了短命的朝代。这样的例子有好几个，著名的大约有晋，离我们近的是民国。我们就看看民国吧。

辛亥革命以后，中国是什么样子呢？原有的社会结构被民国几乎完整地继承下来。除了清变成了民国，一切因循。当然，这也不能怪民国。正如鲁迅在《阿Q正传》中描述的一样，辛亥革命本来就是城头变幻大王旗。清朝末年就已出现的贫富悬殊、土地集中等社会结构问题被原样照收。所以，如果把民国放在中国历史的周期中来观察，你会发现，民国没有完成中国历史周期上每一个长寿朝代开始时的必修课，先天不足。孙中山是看到了这一点的，因此他提出了"三民主义"，要平均地权、节制资本，似乎是要给民国开个补习班，补上公平这一课，为民国的延续奠定社会

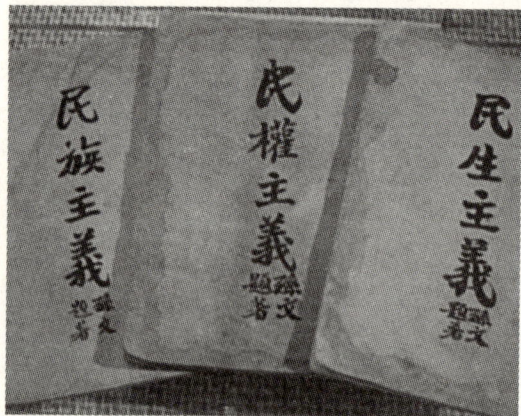

孙中山提出"三民主义"

基石。但是由于多种原因，这个过程被豪门对财富和权力的垄断打断了。先天不足的民国从而失去了可以长期延续的历史机会，民国的精英走到了中下层人民的对立面，中国进入了长期的动荡。我想，无论什么人，无论他对民国抱有什么态度，是爱还是恨，抑或是爱恨交集，只要将民国放在历史的大背景中，就不得不承认民国这个致命的缺陷。

这个问题，一直到中华人民共和国成立才得到最终解决，近代中国的社会动荡才得以消除。从历史大背景看，新中国的奠基者，显然对中国历史有着非常深刻的理解。共和国从成立起，就开始打破不合理的社会结构，试图从体制公平这个角度为中国的长治久安奠定基础。

让我们暂时抛开意识形态的争论，专从中国历史周期的角度来考察一下。

从中国的历史进程看，在当时乱后思治的中国，是必须补上公平这一课的。孙中山先生尚且要平均地权、节制资本，1949 年只能做得比中山先生更好。只有补了这一课，中华民族才能摆脱 1840 年以来的动荡岁月，休养生息，走上复兴。同历史上其他朝代不同的是，新中国所处的历史环境，决定了中国还需要补"现代化"这一课。在强敌虎视的情况下，中国需要迅速建立现代工业，而这需要大规模的、迅速的积累。如何在低水平的基础上既能实现工业积累，又能实现大多数人的公平，是当时中国面临的巨大挑战。

还有，建立新体制的那一代人是精通中国历史的。几千年中国历史中，那种"公平—不公平"的周期循环，也许在他们心中形成了一个难以排解的历史之结；他们透过治乱更替的历史风云，也许看到了公平在中国治乱中的作用和分量，知道民可载舟，也可覆舟，从而力图寻求一种能够确保公平的体制，来保证中国的长治久安，来避免历史周期的重现。

这种历史因素交互作用，就形成了以政府调动资源为手段的，以公平为核心的新体制。在当时的情况下，只有政府才可能实现资源的集中，在较短的时间内完成西方国家在漫长的发展道路中完成的资本原始积累和再积累过程，同时保证积累的财富被用来建立中国自己的现代工业。这种高速度的积累显然是以压制消费为代价的。在这种情况下，公正，尤其是分配的公正，就显得非常重要。所以，当时对公平体制的选择，不仅是中国几千年历史的总结，也是近代中国历史的必然。

通过公平的体制来避免历史周期，这也许就是以毛泽东为代表的一代人所做的历史探索。如果我们把那场变革放在历史的长周期中来看，是不是可以形成这样的认识：它为中国彻底摆脱历史周期律奠定了基础。这一点值得后来者深思，值得后来者的后来者更加深思。

这个公平体制的历史意义在哪里？

我们不是算命先生，自然无法预测几千年以后的事情。不过从目前中下层的情绪指向来看，1949 年，可能会成为中华民族的标志性事件。未来的人们，在回顾中华民族的历史进程时，也许会认为，中华民族发展历史上有三个决定中华民族历史特征的时代：黄帝、先秦、1949 年。每个时代的贡献是不一样的。黄帝是中华民族的始祖；秦开创了中国大一统郡县制的先河；1949 年以后建立的公平体制为中国走出周期性动荡找到了出路。世事变幻，沧海桑田，但是，这三个时代给中华民族的烙印会是永存的。

以秦为例。秦的大一统显然是不完善的，但是，假如没有秦短暂的统一，今天的中华大地也许会像欧洲一样，国家林立。秦以后，中国分分合合。但是，在每一次动荡之后，都有人顺应民心，收拾金瓯，再造一统。为什么？因为大一统的秦帝国，虽然二世而亡，但是，它的短暂存在，使大一统变成了中华民族潜意识的追求，变成了一种主动选择的可能，变成了一种生存方式。没有秦短暂的统一，也许中华民族根本就不知道这种可能和这个选项。这就是秦的贡献。它为中华民族立下了大一统这样一个标杆。

从今天中下层民众的意识选择看，公平体制的精神大约也是这样。它的意义在于，它让中华民族知道，尤其是中下层人民知道，还有一种公平的生存方式存在，一种公平的社会选项存在。 它可能会成为中华民族的另一个潜意识的追求，为中华民族立下一个新的划时代的标杆。任何人都不要低估这种历史记忆和传统。任何时代，当下层人民走投无路的时候，这种记忆也许就会变成梦想，变成对公平体制的崇拜，变成对建立公平体制的人的崇拜。所以，假如有人头脑发热，完全否定了公平体制，导致社会动荡，我相信，一定会有人顺天应民，力挽狂澜，再造公平。

历史是每一个民族的重力场。

当代中国，那些真心关心中国未来的人，都应该有这种顺天应民的历史高度和历史感。邓小平是有这种高度和历史感的。他说，假如改革导致贫富悬殊，改革就失败了。为什么失败？因为这种改革会把中国推回周期律。当前中国也是有这种历史感的。**"以人为本"，发展转型，提出解决贫富悬殊问题，提出公平正义，提出有包容的增长等等，就是站在了这种历史高度上。**

世界上没有一成不变的东西，百分之百地复制过去是没有出路的。黄帝以后中华民族历经演变融合，今天的中华民族就是大融合的结果。秦以后的大一统中央集权的郡县制，几千年来，代代相承又代代相异。传统需要与时俱进，而生活之树常青。在当今中国，将市场经济同公平正义结合起来，可能就是解决分配不公的历史切入点。

我们把下层人民制造的这个周期律和中国传统结合起来看，会有一个惊人的发现。在中国历史传统中，下层人民和文化精英在"公平"这个问题上高度一致。孔夫子通过"不患寡而患不均"来推崇社会公正；陈胜吴广们则是用周期性的行动来推动相同的理念；几十年的社会主义教育，也是强调公正平等。固然，社会不可能绝对公平，但是，一个社会不能人为地制造豪强，制造不公平，更不能将不公平的现象装扮成"神圣的权利"、"天赋人权"、"普世价值"。在某种程度上，搞这种忽悠的个别"文化精英"早就背叛了中华民族历史上文化精英的"公平"传统。

公平是历史的选择。想要得到历史尊重的人，首先必须尊重历史。

罗斯福的"均贫富"挽救了美国

非常时期非常授权

推动一定程度的公平，也是西方20世纪30年代大萧条以后"新政"的中心内容。

20 世纪 30 年代，资本主义遇到了前所未有的挑战，罗斯福推行"新政"时困难重重，和最高法院斗智斗勇。他的一位朋友感慨万千地对他说，"假如你成功了，你就是美国历史上最伟大的总统"。

罗斯福总统沉郁良久，带着预言家的口吻说，"假如我失败了，我将是美国历史上最后一位总统"。

言下之意，不改弦更张，美国的制度甚至美国都将终结。

罗斯福这句低沉的回答，长久地回荡在美国历史的天空上。这句话既反映了他对美国体制中深层矛盾的全面认识和了解，又反映了他力图缓解这种矛盾的决心。罗斯福的"新政"是资本主义历史上划时代的事件。

这个"新政"究竟有什么特点呢？

概括起来就这么几点：均贫富，抑豪强，软独裁，结民心。

均贫富就是关注民生。抑豪强就是抑制资本，尤其是大资本和金融资本。这是"新政"的内容。

劫贫济富易，劫富济贫难，古今中外莫不如此。30 年代的美国也不例外。豪强是不好抑的，既能捐款，又雇有游说集团，还能操纵舆论、操纵选举。如果不是专权任事，在事实上实施软独裁，是无法成功的。而能够实行软独裁的条件，是结交民心。所以，软独裁和结民心，就成了推行"新政"的手段。

罗斯福于 1933 年 3 月 4 日就任美国第 32 届总统。当时的美国正处于大萧条的低谷。全美大约 25％的劳动者失去了工作，农产品产出降低了 60％，农村一片凋零，工业产出不足 1929 年的一半，200 多万人无家可归。尤其令这位新总统备感挑战的是，在就任当天，美国

1933 年美国银行成批倒闭，发生储户挤兑潮

48 个州当中，就有 32 个州的银行无法开业。就任第二天，美国联邦银行的老大——纽约联邦储备银行，也由于客户的疯狂挤兑而无法开业。美国社会动荡，犯罪率尤其是有组织的犯罪率迅速上升，美国制度风雨飘摇，潜在的"太平军"到处都是。而刚刚卸任的政府和精英集团，要么束手无策，要么乱投金石之药。

美国如同一艘将要沉没的船。大多数的船员、水手和乘客都四顾茫然，在绝望中挣扎，渴望一个强有力甚至是"独裁"的船长，带领他们渡过难关。罗斯福就是在这种情况下压倒多数当选的。一艘在风浪中飘摇的船，需要一个充分授权、意志坚强、决策迅速的船长和指挥体系。否则，如果事事决断于水手和乘客间的合议的话，这艘船会在议事厅的争吵中迅速沉没。

这种在困难时便宜行事的例子，历史上有很多。如古罗马，如南北战争时期的林肯，如第一次世界大战。30 年代的美国，由于对美国体制的绝望，许多有影响的人大声呼吁授予罗斯福美国历史上从无先例的广泛权力，这种权力将凌驾于议会和宪法之上。当时全美富有影响力的专栏作家沃尔特·李普曼（Walter Lippmann）告诉读者："一种温和的独裁将帮助我们渡过前面崎岖不平的道路"，而另外一份杂志则宣称罗斯福应当拥有"几乎独裁的权力来重新组织政府"。1933 年，美国米高梅电影公司的制片商威廉·蓝道夫·赫斯特（William Randolph Hearst）发行了一部专题电影，名为 *Gabriee Over the*

White House。该制片商认为，美国需要一个"独裁者"来带领它走出大萧条的危机。该片虚构了一位美国总统，这位总统解散议会，宣布军事管制，建立了"建设军"来重建美国。

罗斯福也当仁不让，下决心要以铁腕拯救美国。罗斯福在就职演说中宣告，"我将要求国会授予……广泛的行政权力来与紧急状态作战……如同我们受到外敌的侵略"。音刚出，声未落，就激起暴风骤雨般的掌声。那种淹没一切的赞同声代表了当时的主流民意——广泛的授权。

纽约一家当时影响力很大的报纸《纽约先驱论坛报》（*New York Herald Tribune*）对罗斯福的宣告发表了代表报社立场的赞同声："如有必要，我们支持独裁"（For Dictatorship If Necessary）。其他许多报纸发出同样的声音。有人说，"（一战时期）我们将宪法用纸包裹起来，束之高阁直到战争结束"，而大萧条的时代，"如同（回到）战时"（Alfred E. Smith）。苏联在国家垂危的紧要关头，不顾实际情况推行所谓"民主改革"，而美国在紧要关头，却准备授予总统前所未有的行政权力。而这位总统准备好了要获取并运用这种前所未有的权力。[①]

这段历史让人感慨万千。当时的美国不愧为现实主义的民族。在需要的时候，可以将宪法用纸包起来束之高阁，完全不同于那些不问历史传统、民族特征和时代特点，在复杂多变的情况下奢谈"普世价值"的人。

诊出危机的"病根"

罗斯福是如何拯救美国的呢？中医讲望、闻、问、切。政治家和

---

① 参见 http：//www. fdrlibrary. marist. edu/archives/pdfs/dictatorship. pdf。

医生一样。要下药，先诊病。

卓越的政治家都是有远见的政治家。而政治家的远见来源于对事物的深刻认知。罗斯福是如何认知美国当时面临的危机根源的？

罗斯福是从对美国经济制度的批评开始的。在那个 3 月 4 日，面对同一批听众，在同一篇就职演说中，罗斯福以批评的口吻讲出了下面这段话。这段话通过无线电，在美国的许多地方回荡。许多信心崩溃的美国公众，听到

罗斯福就职演说

了新的选择和希望。

这一切主要是由于，那些主宰人类货币交易的统治者们，由于愚蠢和无能，失败了；他们承认了失败；他们逃离了。这些欺骗成性的货币交易者们的作为在公众舆论的法庭里被起诉了，被人们的理性和感情所拒绝。

是的，他们尝试过对付危机，但是他们的所作所为囿于陈腐的传统。面对信用体系的崩溃，他们居然建议借更多的钱。他们被利润诱惑，而这个诱惑又引诱我们的人民追随他们错误的领导，反复诉诸所谓的忠告，泪流满面地请求人民重建信心……

这些货币交易者们已经从我们文明殿堂的高位上逃跑了。现在，我们可以重建这个殿堂，让它符合古老的真理。这个重建的手段就是，我们将运用更加高贵的社会价值，而不仅仅是货币利润。

这段话分开说，有这么几层含义。

（1）大萧条的制造者是唯利是图的货币交易者；

（2）大萧条的根源是资本的货币利润；

（3）资本的利润动机高于高贵的社会价值从而引发了危机；

（4）重建美国的出路是让利润动机符合更加高贵的社会价值。

在 1933 年 3 月 4 日那个黯淡的日子里所发表的这一段话，使那位双腿不能站立的美国总统，在美国历史上站得比大多数总统都高。这句话在某种程度上触及了美国当时面临的最基本的矛盾，将经济萧条的责任归咎于不受限制的资本主义，或单纯以资本为基础的不受约束的市场经济。简言之，归咎于唯利是图的资本主义和金融资本，归咎于货币交易者和他们的利润冲动。这些，在罗斯福眼中就是豪强。

这就是罗斯福"新政"的出发点。七十多年前的罗斯福对资本主义的这种认识，比那些将资本主义乌托邦化的人，要实际得多、高明得多。

被罗斯福批评的唯利是图的资本主义，是怎样导致"大萧条"的呢？唯利是图的资本主义或资本基础上放任自流的市场经济，必然导致相对贫困和生产无限扩大的矛盾，导致有效总需求不足，从而导致经济危机。这个逻辑过程大概是这样的：

（1）不受约束的利润动机导致收入分配不公，贫富差距悬殊；导致不均衡的财富积累和过度的资本积累；

（2）收入分配不公导致中下层没有足够的收入，导致有效总需求不足；

（3）中下层在收入不足时，举债度日，导致消费者债务负担加重，同时推动金融繁荣；

（4）财富过度积累导致金字塔顶部的阶层拥有过多的闲散资本，这些闲散资本在总需求相对萎缩的情况下，缺乏投资实体经济的机会，流向了资本市场，导致资产泡沫和房地产泡沫；

（5）资产泡沫在社会范围内，制造快速"创造财富"的虚假景象，泡沫游戏从金字塔顶部逐步向下传导，导致全面的泡沫经济，而资产泡沫又进一步加剧贫富悬殊，导致有效总需求的进一步相对萎缩。

（6）最后导致了大萧条前的泡沫繁荣和最终的大萧条。

大萧条是生产过剩、债务过度、资产泡沫三者共同作用的结果。这是任何"自由资本主义＋金融资本主义"的必然结果。

历史事实就是这样。在大萧条爆发前夕，美国收入分配极端不公，基尼系数连创新高；财富高度集中，少数人占有大多数社会财富；中下层举债度日，消费者债务到了难以为继的程度；弥漫社会的资产泡沫和金融泡沫达到前所未有的地步。危机前夕，美国资本泡沫达到了"繁荣"的顶峰。最后，跌入低谷。

罗斯福的"药方"

从经济现象这个表象来看，罗斯福的"新政"还是开对了药方的。罗斯福的"新政"包罗万象，但主要包括两方面内容：一是重建信心，二是改革社会经济结构。

社会经济改革包括以下几方面：

一方面，调整财富和收入分配（均贫富），大幅度提高税收，增加公共开支，支持工会力量，规定最低工资，推动劳工立法，推行社保基金体制，建立广泛的社会保障体系等，为年老、失业和有病的人提供基本保障。通过这些方式调整收入分配，为中下阶层编制一个基本的保障网络。政府一下子增加了这么多开支，钱从哪里来？主要是来自富有阶层。罗斯福在大幅度提高富有阶层税率的同时，大幅度降低了中下层的税率。1936 年，他将最高的收入累进税率提高到 79％。这个税率在 20 世纪 50—60 年代，曾经达到 91％以上。肯尼迪将它降低到 70％。里根时期降低到 28％。克林顿时期上升到 39.6％。小布什时期再降低到 35％。罗斯福在"劫富济贫"方面是毫不手软的。他强制性地收购所有民间黄金，而拥有黄金的主要是富有阶层。在那些人将黄金换成美元以后，他果断让美元贬值大约 50％。每谈及此，富有阶层到现在都不能原谅他。罗斯福在美国经济最为艰难的那一段时期用霹雳手段推动社会财富和收入的二次分配，是需要很大的勇气和智慧的。例如在中国就有人认为，在经济不景气的时候增加税收或提高工资，会起到收缩作用，会给企业带来许多困难，从而主张延缓这些措施。其实，高收入阶层的边际消费偏好低于中下层。只要有针对性地增税，有针对性地支出，提高最高累进税率，提高工资是可以起到增加总需求、刺激经济的作用的。

罗斯福还建立了许多重振经济的行政部门，直接解决民生难题。例如，他建立了联邦紧急救济署（FERA），推出了《1933 年重新造林法》（Reforestation Act of 1933）——它下面的环保机构直接雇用了大约 250 多万人，从事造林、修路、控制洪水、防治土壤流失、开发国家公园等工作。为了解决穷人过冬的问题，他以行政命令的方式成立了公共工程署（Civic Works Administration），在 1933—1934 年冬季专为穷人提供临时工作。在当时的紧急情况下，为了提高效率，绕过国会无休止的"民主"辩论，通过行政命令推行"新政"成为罗斯福常用的办法。例如1935年，在《紧急救济法案》下，他以行政命令成立了三个政府机构。它们分别是公共事业振兴局（Work Progress Administration，WPA）、再安置局（Resettlement Administration，RA）和农村电气化管理局（Rural Electrification Administration，REA）。这三个机构中，第一个主要是实施公共工程；第二个主要是帮助贫穷的农民改善居住条件，帮助农民提高农场效益和土地利用效益等；第三个主要是将电力输送到那些私人电力公司认为不盈利的偏远地区。他还建立了美国住房局（USHA），为贫困社区提供为期60年的低息贷款，以清理贫民窟和修建其他工程。

另一方面，他大幅度增加政府对经济的介入，加强政府监管（抑豪强）。罗斯福的行政干预是全面的，推出多项政府立法，建立了许多政府监管机构，为了平衡资本和劳工以及消费者的利益，减少失业，还推出了《国家产业复兴法案》（NIRA）。这项法案的第七款第A条保障了工人集体谈判的权利。此法案还建立了反垄断和公平竞争的法律条例。此外还成立了国家劳工关系委员会（NLRB），专门监督劳动者的权利和安全是否得到了保障；大力限制金融资本，推动金融改革。他将传统银行和投资银行分开，成立证交会，建立联邦存款保险公司，推动共同基金的监管。

简单说来，罗斯福对资本来了两手："均"和"抑"。世家出身的罗斯福，让同样世家出身的许多人，感到了背叛。直到今天，许多世家出身的精英依然不能原谅罗斯福，从他们的角度说他是社会主义者、共产主义者。

"新政"的阻力很大。美国有许多人指出，罗斯福推行"新政"的方式是"软独裁"。他雷厉风行，知行合一。从上任开始，十八般武艺一路打来，逢山开路，遇水搭桥。看准了的事，就高效率地推行。最高法院多次将"新政"的许多内容判为非法；多次将"最低工资"判为非法。罗斯福同最高法院进行了许多斗争，有的成功，有的失败。由于民主党在国会占绝对多数，使他获得充分授权。即使如此，为了绕开国会冗长的辩论，他干脆利用行政命令。他的许多"新政"措施都是在就职后的 100 天内推出的，而绝大多数"新政"措施在施政以后大约 3 年时间内就基本完成，很有"只争朝夕"的味道。当然，如果有人认为强势的罗斯福只是一味蛮干那就错了。他将高超的政治艺术和强势作为结合在一起。

罗斯福为了绕开精英阶层，通过一次又一次的炉边漫谈，直接同美国中下层沟通，结交民心，以保障"新政"得以实施。炉边漫谈成了特有的治理方式。看来只有权力中心同中下层直接交流，才可能打破精英设置的种种障碍。当然，只有符合中下层的利益，这种直接交流才可能成功。罗斯福赢得了许多美国人的心，中下层成了"新政"的主要政治基础。就是这些中下层，连续四次将罗斯福送进白宫。前无古人，后无来者。

均贫富、抑豪强的结果，是罗斯福建立了一个"大政府"。这个"大政府"避免了美国体制的崩溃。这个"大政府"不仅拯救了美国，拯救了中下层民众，也拯救了那些指责他背叛的阶级。

他没有成为美国最后一位总统。

如同他的朋友预言的那样，在许多人眼中，他成了美国最伟大的总统之一，有的人干脆认为他就是美国历史上最伟大的总统。无论人们怎样评价他，他将自己的信念深深地烙在了美国体制上。无论后来有多少人，使出了多少办法，想抹去这个烙印，罗斯福留下的体制在

很多方面依然成为了今天美国体制的主流。美国没有在 2008 年金融
危机中坠入大萧条，在某种程度上，受惠于罗斯福的理念和做法。

不过，罗斯福的成功只能算是技术层面的成功。虽然在一定程度
上调整了相对贫困的事实，却没有解决导致相对贫困的原因；在一定
程度上抑制了金融资本的任性胡为，却没有解决金融资本的内在冲
动。"新政"只是缓和而没有根本消除困扰美国的基本矛盾。尽管如
此，他在技术层面上的系统创新，的确将这个矛盾的破坏性降低了许
多。在那以后的 40 年里，美国虽然经历了许多周期性的经济衰退，
但是几乎没有爆发过大规模的金融危机。

第四章
美国典当了自己的未来

　　美国债务问题的实质，就是富有阶层控制政府，政府主导减税，改变收入分配格局。中下层和政府为了维持基本的支出，只好走上了借贷之路。

■ 在大幅度减税优惠了富有阶层的同时，中下层强烈要求维持基本的社保和其他必要的公共开支。双方博弈的结果就是，政府一方面减税，一方面维持必要的政府开支，包括必要的社保开支。

■ 所以，美国现在的问题是债务扩张不可持续。在债务负担降低到一个合理水平以前，美国不可能再长期复制过去依靠债务扩张的道路，不可能再通过大规模的债务扩张来掩盖总需求不足的基本矛盾，于是总需求不足和生产过剩的困境就浮出了水面，美国也就因此滑进了一个低增长时期。

■ 2010年，印第安纳州著名的普度大学的一些土木工程师们，为各个城市开设了一种讲座，名称就叫"回到石器时代"。这个课程是教什么的？就是教大家如何把已经铺好但是维修成本太高，而现在又急需维修的公路打成碎石，回到维修费用低的碎石路。

政府借钱，中下层举债的死胡同

美国现在面临结构性危机。美国在过去的 30 多年里，把未来典当给了过去，负债累累，面临慢性的资产负债表危机（balance sheet crisis）。

关于资产负债表危机，20 世纪 30 年代美国有一个经济学家，叫欧文·费雪（Irving Fisher），提出了"债务贬值"（debts deflation）的理论。他认为，债务负担过高，一有风吹草动就可能催发信用危机，

> **资产负债表危机**：大量的金融机构、企业以及家庭，虽然负债几乎没变，但其拥有的资产价格却大幅下跌，结果资不抵债。在这种情况下，家庭不敢消费、企业不敢投资、金融机构不敢贷款，信用体系陷入萎缩之中。

信用危机可能导致债务抛售，大规模的债务抛售会导致债务急剧贬值。在金融链条里，一方的债务是另一方的资产。债务急剧贬值会导致另一方资产的急剧贬值。资产贬值会导致许多金融机构和个人破产，从而导致信用萎缩。信用萎缩将催发更加严重的金融和实体经济危机。这种由过度的债务负担引爆的链式反应，最终会导致金融和经济的崩盘，并通过这个崩盘而达到杠杆倍数的降低。

大萧条就是这样，2008 年的金融危机差一点就是这样，2010 年的欧洲主权债务危机也几乎变成这个样子。通过财政和金融手段的强制性干预和数以万亿美元计的投入，美国经济虽然避免了杠杆率急剧降低的悲剧，但是为了经济持续和健康地复苏，长期而缓慢的去杠杆化过程是不可避免的。

这个去杠杆化的过程将导致总需求不足，导致经济增长缓慢。

那么，美国的这个债务问题是如何产生的呢？这得从20世纪的"里根革命"谈起。

我们知道，一个经济体要保持正常运转，其总需求和总供给必须大致相当。在一个社会对最终产品的需要和有效需求之间，必须有一个支付手段存在。有支付能力的需求，才是有效需求。而支付手段受到两大因素的影响：第一是收入分配；第二是举债能力。换句话说，要么有钱，要么能借到钱。政府是这样，个人也是如此。

撒切尔与里根

20世纪70年代末，英国的撒切尔夫人率先喊出了"没有社会，只有个人"的口号，开始在英国大规模地推动私有化和绝对的市场化。里根马上跟进，在美国实施了"里根革命"。这些"革命"的实质就是经济上的自由化（deregulation）、市场化和小政府。一场以拆散（dismantle）政府经济职能为特点的运动在西方发达国家盛行。从分配的角度看，欧美因此都出现了这样两种现象。第一，中下层的工资收入长期相对下降（美国尤其严重）；第二，富有阶层享有大规模的减税。

在大幅度减税优惠了富有阶层的同时，中下层强烈要求维持基本的社保和其他必要的公共开支。双方博弈的结果就是，政府一方面减税，一方面维持必要的政府开支，包括必要的社保开支。

结果，政府借钱，中下层举债。

在过去20多年里，西方走的就是这样一条富人减税、政府借钱、

穷人举债的道路；这条道路的中心内容——私有化、市场化、减税、小政府等，后来都反映在"华盛顿共识"里面。

当时，私人和政府的债务负担都非常轻，举债能力还比较强。这个"借"字诀还念得通，这一借，就借了几十年，最后也借出了金融危机和今天债务的问题。美国典当了自己的未来。

债务扩张难持续

美国的债务负担有多严重？让我们看看以下几组数据。

美国联邦政府总债务高达 GDP 的 96.5％以上。同欧洲发生主权债务危机的国家比，美国只比希腊和爱尔兰好一点，比葡萄牙和西班牙则要差一些。2010 年年底，美国国债突破

> **债务天花板制度**：具有美国特色的一种债务限额发行制度，源于 1917 年，由美国国会立法通过。其根本目的在于对政府的融资额度做出限制，防止政府随意发行国债以应对增加开支的需要，避免出现债务膨胀后"资不抵债"的恶果。

14 万亿美元大关，人均负担 4.5 万美元。为了控制政府债务规模，美国设立了债务天花板制度。不过这实在是一个橡皮做的活动天花板。在过去 10 年中，这个天花板被上调了 10 次；在过去 70 年中，被上调了 70 次。此外，美国政府还将大约几万亿美元结余的社保基金全部挪作他用。这些都是美国联邦政府摆在账面上的债务。还有许多隐形债务（off balance debts），比如对两房公司的担保、对未来的社保和医疗上的承诺等等。

美国家庭债务在 2008 年危机前夕高达 GDP 的 130％，现在依然高达 GDP 的 120％。这个水平，几乎和 20 世纪的大萧条时期相似，

包括消费信用和房屋贷款在内相当于 16 万亿美元左右。

如果将这两项公私债务加在一起，美国人均负债接近 10 万美元！也就是说，在美国，一个小孩刚出生，就背上了高达 10 万美元的债务！如果再加上政府的许多隐形债务，再折合成人民币，可以说，几乎每个美国人都是"百万负翁"。

此外，美国还有州和地方的债务危机隐患。美国预算和政策选择中心最近发表的报告表明，美国大约有 48 个州面临预算困难。大多数州都仰赖联邦政府的资助。假如没有联邦政府的持续补助，美国州政府在未来几年中将不得不削减开支，裁减雇员。许多州的债务问题远远比所谓"欧猪五国"中的任何一个都要严重得多。

> **欧猪五国**：欧元区主权债务危机严重的几个国家葡萄牙（Portugal）、意大利（Italy）、爱尔兰（Ireland）、希腊（Greece）、西班牙（Spain），首字母缩写为 PIIGS，因此这五个国家也被称为"欧猪五国"。

"出来混，总是要还的。"除非有违约机制存在。

现在，美国面临去杠杆化的过程。这个过程会导致总需求不足和经济增长缓慢。为什么呢？

让我们从 GDP 的支出结构谈起。一个国家的 GDP 由四大部门构成。

GDP＝消费＋投资＋政府开支＋进出口

这就是一个国家的总需求。

在"里根革命"以降那几十年中，政府减税，中下层减收。如果不借钱，政府支出和中下层的支出都会减少，就会出现最终需求不足和生产过剩。所以，总需求不足，一直是过去几十年潜在的结构性问题。只不过债务扩张暂时弥补了总需求不足的这个缺口，暂时掩盖了不公正模式带来的社会矛盾。

总需求不足是暂时掩盖了，然而新的矛盾却积累了。那就是现在这种沉重的债务负担。

这种依靠金融杠杆（债务）来刺激总需求的办法是不能长久的。债务占 GDP 的比例、债务占收入的比例不可能无限制增长。如果债务的无限制增长超过了一个国家的还债能力，这个国家的政府、债务、金融，甚至经济，就会变成一个庞氏骗局。

> **庞氏骗局：** 1919 年，一个名叫查尔斯·庞齐（Charles Ponzi）的意大利裔投机商移民到美国，骗人向一个子虚乌有的企业投资，许诺投资者将在几十天内得到 40％以上的利润回报，然后，庞齐把新投资者的钱作为快速盈利付给最初投资的人，以诱使更多人上当。由于前期投资的人获得了丰厚回报，庞齐在短短几个月内吸引了数万名投资者，这场骗局持续了一年之久，被利益冲昏头脑的人们才清醒过来，后人称之为"庞氏骗局"。

所以，美国现在的问题是债务扩张不可持续。在债务负担降低到一个合理水平以前，美国不可能再长期复制过去依靠债务扩张的道路，不可能再通过大规模的债务扩张来掩盖总需求不足的基本矛盾，于是总需求不足和生产过剩的困境就浮出了水面，美国也就因此滑进了一个低增长时期。

这就是美国经济面临的基本问题。

躲不开的低增长陷阱

将未来送到典当铺里去的美国经济还有未来吗？

消费占美国 GDP 的 71％左右，美国消费者的状况将决定美国经济的未来走向，那我们就看看消费。美国消费者面临三座大山：高债务、高失业、低房市。

高债务。如前所述，从"里根革命"开始，美国的收入和财富迅速集中在少数人手中，贫富差距越来越严重。许多中下层依旧难以度日，不得不从银行和信用卡身上打主意，靠借债维持家用。在危机以前的10年中（1998—2007），美国家庭总债务增加了大约10.6万亿美元。这10.6万亿美元的债务，被用于弥补日常消费、看病、买车、买房、上学等等，变成了总需求的一部分。目前，中下层负债累累。未来10年美国消费者将面临长期的去杠杆化的过程，家庭债务不可能继续以过去10年的速度增长。

高失业。美国名义失业率高达9%以上，而实际失业率更是高达17%，甚至有人估计高达19%左右，也就是说，全美失业人口超过1 300万。一般来讲，美国经济必须每年增长3%（扣除通胀）才能吸收新增的劳动力，维持失业率不变。在此基础上每年必须再增长2%才能将失业率降低1个百分点。换句话说，扣除通货膨胀，美国经济增长必须达到5%才能将失业率降低1个百分点。如果美国想把失业率重新降低到4%左右，美国经济必须在未来5年中，每年增长5%（扣除通胀）。这显然不可能。高失业率作为结构性因素，将长期困扰美国。美联储前不久的一项研究称，美国"新常态"的失业率可能是6.5%。

低房市。低房市成了消费者的财富绞肉机。美国房价已从最高峰下降了30%左右，但房市依然疲软。房价持续下跌，使消费者财富大幅缩水。在危机以前，房子升值的泡沫是刺激消费的另外一个重要因素。许多中下层业主在房屋升值以后，通过重新贷款，将升值部分取出来，用于其他消费。现在房屋不仅不再是消费者的提款机，反而成了财富的绞肉机。表面上看，美国现房交易逐步上升，但实际上，在成交的现房中大约有1/3是违约房。美国还有大量的"隐形房"没有推向市场，所谓"隐形房"就是银行收回还没有上市的违约房。美国还有大量的"解套房"。许多被房子套牢的业主，在等待房价反弹的机会再将房子出手。一旦房价回升，这些房子就会被推上市场。此外，美国房市还有一个被许多人忽视的阴影。那就是"婴儿潮"一代即将进入退休高峰期。这些人退休后，要么卖房换租，要么大房换小房。这将大量增加市场上的现房供应，给房市带来巨大压力。

美国房市很难步入持续稳定的轨道。即使美国房市逐步稳定，未来20年左右，也很难再次出现危机以前的那种非理性"繁荣"（参见表4—1）。

表4—1　　　　　　　美国房地产数据（2011年）

数据	资料来源
超过13%的房贷出现违约或停供	Morgage Baker's Association
27%的房贷出现负资产	Zillow. com
1 840万套空置房，相当于总量的11%	美国人口普查（census）

如果一个人在身强力壮的时候一小时只能走10公里的话，那你不可能要求他在虚弱的时候一小时也走10公里。如果你想知道美国未来10年的经济增长，只需要将它同危机以前的10年做一个简单的比较。

在1998—2007年的10年中，尽管存在强有力的债务刺激、房产泡沫、低失业率这三大有利因素，美国经济扣除通胀年均增长率也只有2.99%。而小布什入主白宫那8年就更惨了，只有2.3%左右。未来10年，上述三大因素几乎都变成了负数。美国经济要想持续恢复到危机之前10年的2.99%的年均增长率可能性有多大，美国会不会失去10年，我们让读者来回答。

美国"回到石器时代"

许多朋友不太赞同美国会失去 10 年的判断。

环顾当今世界，哪一个国家没有问题？哪一个大国没有大问题？问题不为美国独有，为什么唯独美国会失去 10 年？

锁从来不是问题，找不到开锁的钥匙，才是真正的问题。走进沙漠不是问题，走不出沙漠才是问题。走不出去，这，才是美国面临的最大问题。

揭秘这个关于钥匙和出路的问题以前，让我们更直观地透视一下美国的其他经济问题。

许多州、地方和企业的退休金严重不足。联邦的社保基金将出现严重赤字。几十年以前，美国是大约 4 个工作者养 1 个退休者。随着"婴儿潮"一代进入退休期，20～30 年后，可能会出现 1 个工作者养几个退休者的困境。到时候，谁来养活美国？

此外，美国基础设施严重陈旧。美国许多河堤由于资金缺乏，年久失修，抗灾能力低于设计水平。比如，当初新奥尔良的堤坝，据称可以抵御五级飓风（美国通常把飓风分为五级），结果在三级飓风的打击下就崩溃了。

美国的桥梁中，大约 25% 有结构问题。美国土木工程师协会曾经估计，美国光是在高速公路和桥梁上就欠了大约 1.6 万亿美元的建设账。

20 世纪 50—60 年代，美国修建了当时世界上最先进的高速公路网，那曾经是美国的骄傲。但是，目前由于地方和州的财政困难，许多公路年久失修，于是就流行一种特别的维修方法，即把高等级的、维护成本昂贵的、年久失修的路，打烂敲碎，"维修"成碎石路。有人称这是"回到石器时代"。

美国"回到石器时代"

■ 美国俄亥俄州 Ashtabula 县面积达 1 900 平方公里，2010 年削减警务预算 20%，警员从 112 名削减到 79 名，打算再次削减到 49 名，该县只有一辆警车。"我们没有巡警单位，我们只对正在发生的犯罪做出反应。"

■《华尔街日报》2010 年曾经刊文指出，美国密歇根州的 83 个县里有 38 个县在不同程度上将柏油路打碎，"维修"成碎石路。其他许多州如南达科他州、北达科他州等都有类似的情况，有的州要么降低高速公路的等级，要么让其自然而然地变成碎石路。

■ 2010 年，印第安纳州著名的普度大学的一些土木工程师们，为各个城市开设了一种讲座，名称就叫"回到石器时代"。这个讲座是教什么的？就是教大家如何把已经铺好但是维修成本太高，而现在又急需维修的公路打成碎石，回到维修费用低的碎石路。

教育是国家竞争力的基础。但是，由于州和地方财政不足，美国面临着基础教育危机。从东海岸到西海岸，从纽约、密歇根，到伊利诺伊、加利福尼亚，许多公立学校大规模压缩课时，降低薪水，裁减教员，关闭学校。2009 年，美国联邦政府启动了 1 000 亿美元的教育资金，帮助州和地方免于裁减教育经费。到了 2011 年，这笔费用几乎全部用光。

在缺乏联邦政府资助的情况下，美国学校行政管理协会（American Association of School Administration）认为大约 90%

的中小学在 2011 年将面临裁员的困境，62％计划增加课堂人数，34％考虑取消暑期学校，13％在权衡是否实施 4 天教学周制。

——《华盛顿邮报》2010 年 4 月 21 日

此外，美国有 4 300 万人靠食物券生活，占全国人口的 14％。

美国 GDP 总量占世界的 1/4，人均 GDP 高达 4 万多美元，可以说是富甲天下。为什么各级政府和中下层都穷到这种程度？我们前面提到过，原因在于不公平的分配体制，实现了"藏富于富"的目的，制造了许多富可敌国的大富翁，却导致了"民困国穷"，以至于政府连维持基础设施和办教育的钱都拿不出来。

民意不敌金钱

美国的出路在哪里呢？

解决美国问题的方法其实非常简单，简单得让大多数美国人都明白；但是，又非常复杂，复杂得让大多数美国人都难办。

既然美国总需求不足的始作俑者是收入分配不公，那么解决这个问题就必须从调整收入分配入手。

我们前面提到过，总需求依赖支付能力，而支付能力决定于两大因素：要么有钱，要么能借到钱。当政府和中下层由于债务负担沉重，而无法再像过去一样持续地大规模借钱的时候，就必须通过分配调整将 GDP 中曾经属于政府和中下层的份额重新分配回来，否则社会总需求就会下降。美国的富有阶层在过去的 30 多年享有大规模减税的特权，积累了巨大的财富。现在到了应当承担他们那份责任的时候了。

为此，美国需要做两件事：提高富有阶层的累进税，同时让中下层的收入至少同 GDP 一道增长。当年罗斯福就是这么做的。有人提出，如果美国提高对富人的税收，降低某些不必要的政府开支 20％，降低防务费用 20％，不仅可以缓解债务负担，而且还可以用筹集来的钱办教育、兴建基础设施、研发新能源技术等等，从而提高美国的长远竞争力。

但是，同罗斯福当年不一样，在美国目前的政治生态下这条大多数人希望的道路不可能实现。

以税收为例。在 2010 年中期选举以前美国大多数人是赞同将富有阶层的最高累进税率恢复到克林顿时期的 39％的。这也是奥巴马的一个施政目标。但是，2010 年的中期选举改变了行情。

2010 年中期选举，奥巴马完败，提倡减税的茶叶党大胜。为什么在大多数人希望增加富人所得税的时候，提倡进一步减免富人所得税的茶叶党反而会脱颖而出呢？

茶叶党标榜"草根"，其实背后都是财力雄厚的大财团。要说到他们为什么赢得选举，得从最高法院谈起。

> 茶叶党：发端于 1773 年，当时波士顿民众为反抗英国殖民当局的高税收政策，将茶叶倒入波士顿河，参加者遂被称为茶叶党（Tea Party）。该党 2009 年新生，他们反对奥巴马的"大政府"倾向，反对大规模经济刺激计划和可能的增税行为，并于 2009 年起发起一系列抗议活动，其支持者以白人保守派为主。

在这次中期选举前，大约是在 2010 年初，最高法院作出了一个裁决，美国企业的政治捐款没有上限。结果，许多金主对共和党的捐钱没有了封顶的限制。钱向流水一样淹向了共和党，共和党在政治捐款上将民主党远远抛在后面。共和党也就因此水涨船高，钱可以控制选情，可以左右意识形态和媒体。这场选战就成了一场没有悬念的游戏。选前大家都心知肚明，茶叶党会胜出。结果不出所料，奥巴马被茶叶党夺走了众院，完败一局。布什的减税计划得以延长。

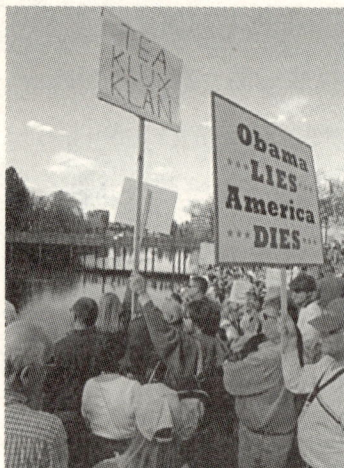

茶叶党反奥巴马的游行示威

在这个决定美国未来走向的关键时刻，民意对政策似乎没有多少影响。美国的这一套带有非常浓烈的金钱味道的政治游戏，没有将正确的民意转变成政策。

遥想当年的罗斯福，一就任就将最高所得税税率提高到79％，最后提高到90％以上。而奥巴马想终止布什对富有阶层的免税法案，将最高所得税税率恢复到39％，都快成了堂吉诃德。

解决美国经济问题的钥匙就在面前。但是，美国的政治经济结构使得它如同一个被金钱的锁链捆住双手的巨人，无法把握这把钥匙。

这，才是美国问题的症结。

党派利益、金钱的作用、利益集团的偏好等等，左右着美国的决策程序。这如同在沙漠中的一群人，有人看到了走出沙漠的路径，但是由于彼此难以协调的利益矛盾，最后走上了通向沙漠更深处的道路。从这个意义上讲，为了走出困境，美国也需要政治改革。

美国现在的困局是，在现行的结构下，国家政策被有些利益集团绑架，正确的经济政策无法推出。美国不太可能像20世纪30年代一样，在政治强人的带领下，对症下药，调整收入分配，解决总需求不足的结构性问题。这就是美国在本世纪面临的最大困惑。处理不好，甚至可能出现大的社会问题，变成全球动荡的一部分。

所以，说美国模式遇到了全面危机，包括政治、经济、社会，并不是危言耸听。

前段时间讲向国际学习讲得很多，我在这里要泼一盆冷水。从美国的现状看，还是少学一点的好。

第五章
五大经济学谬论

　　公平正义和经济增长之间本来没有矛盾，而有些人在观念上将二者对立起来，然后毫不犹豫地牺牲了前者，公开批评公平，甚至将扩大不公平当成了推动经济增长的主要动力。

■ 有的学者认为劳动力价格持续下降是合理的。还有学者认为，解决收入分配不公，可能会减缓劳动力再配置过程，造成"剩余劳动力"长期存在。

■ 有些经济学家说，反贫富悬殊可以，但是不能以政府干预的方式，而必须进一步实行私有化和市场化，按要素分配，通过市场竞争来解决贫富悬殊问题。

■ 主张极端的私有化和极端的市场化，还有一种看法：公平导致低效益。

■ 所有为公平而奋斗的人们，要理直气壮地宣称：争取公平就是争取效益。"市场经济在追求均衡的时候，可以自然而然地给每个人带来繁荣和幸福"，这是一个让灰姑娘的故事都显得苍白的神话。

■ 提倡彻底按要素分配的人，是有理论武装的，而且是全副的欧式或美式装备。他们的核心观点是：价值或财富不是劳动创造的，所以必须按要素分配。

贫富悬殊不仅是一个经济问题，而且已经成为一个严重的社会问题。收入分配不公大多数中国人都认识到了。但是，在诸如收入分配不公是不是合理，需不需要解决，如何解决，以及解决的紧迫程度等问题上，存在着不同的意见。为了回答这个问题，需要多维、立体地来看待这个问题，需要从经济和历史的角度，从中国和世界的角度来看这个问题。

前面提到的全国总工会的那项调查显示，23.4％的职工5年内未增加工资，75.2％的职工认为当前社会收入分配不公平，61％的职工认为普通劳动者收入偏低是最大的不公平。严重的贫富悬殊，已经引起了绝大多数中下层的不满。中华全国总工会集体合同部部长张建国分析称①，

> 近些年来我国出现了一些由劳动关系矛盾引发的群体性极端事件，如"通钢事件"以及部分地区"出租车停运事件"，其重要原因是普通职工的收入水平低、福利待遇差。据前两年的不完全统计，因收入分配和保险福利问题引发的劳动纠纷占劳动纠纷的65％以上，已经成为影响社会和谐稳定的重要因素。

张先生的分析非常到位，为中下层，也为社会讲了大实话。

解决贫富悬殊问题，既是利益格局的调整，又是观念和体制的双重选择，不是一件轻而易举的事。总体来讲，这件事，坐而论道易，身体力行难。

利益上的抵触是存在的。比如，张先生还分析指出，工人提高待遇最有力的工具是工资集体协商制度。但是，部分企业经营者抵制工

---

① 《劳动报酬占 GDP 比例连降 22 年 1/4 工人 5 年没加薪》，见 http://news. xinhuanet. com/employment/2010-05/12/c_1291675. htm。

资集体协商。其实，中国民营资本作为一个整体，应当认识到，即使仅从利润角度讲，解决收入分配不公也是一件符合自己利益的事。如果从短期考虑，工资的增长的确会导致利润率和利润额的下降；但是如果我们换个角度，从长期来看，我们会发现彻底解决收入不公和贫富悬殊问题，将带来内需的全面复苏和迅速扩张，从而为中国企业提供容积更大而且迅速增长的国内市场，导致经济增长、生产扩张、销售扩张、利润总量上升。所以，这是一个符合中国各阶层利益的公约数。

收入分配不公是合理的？解决收入分配不公会导致低就业？

有的学者认为劳动力价格持续下降是合理的。他们说，在改革前，劳动者工资以及住房、教育、医疗等福利均由国家承担，当时劳动力价格被高估了，而资本价格被低估了。随着市场化改革的深入，尤其是随着房改、医改、教改的推出，以及广大农村劳动力加入到工业生产中，我国就出现劳动力供过于求、劳动力价格回落的现象，从上述角度考虑，劳动报酬占 GDP 比例的回落其实是一个合理现象。

还有学者认为，解决收入分配不公，可能会减缓劳动力再配置过程，造成"剩余劳动力"长期存在。他们认为，低工资必然导致就业的高速增长，高工资必然导致就业的下降。这些年来，在市场至上的浪潮中，这种理论影响比较大，是质疑政府介入初次分配和再分配，质疑解决分配不公，甚至质疑最低工资标准的主要理论依据。

虽然还有其他一些观点，但是有代表性的就这两种。它们的共同点就是反对解决分配不公。前者认为，收入不公是合理的，是价值判断；后者认为，解决分配不公导致低就业，好像是实证分析。

对于价值判断不好评论。有人认为收入不公是合理的，有人认为是不合理的。每个人都有权做出自己的判断。对于那种认为收入不公是合理的人，社会在尊重他们的看法的同时，必须做出自己的判断。只要多数人认为分配不公是不合理的，是不符合多数人利益的，即使有少数人认为是合理的，也必须解决。这就好像，即使有少数人认为盗窃是合理，也并不妨碍社会惩戒盗窃行为。

第二种观点，即那种认为解决收入不公导致低就业的看法，比较迷惑人，因为它似乎有理论前提。老实说，如果你真要反对解决分配不公，西方经济理论里还有其他许多现成的"武器"可以拿来使用。不过，那些东西，都是一些银样镴枪头，除了满足概念游戏的需要，解决不了实际问题。而且，西方经济理论里，也可以找到一些化解这些理论的"盾牌"。

比如，上面那个工资水平和就业成反比的关系，从宏观上看，是不能成立的。从经济总量的角度看，当前中国经济的主要问题是什么？是内需不足，是生产过剩。在这种情况下，解决收入不公，提高中下层可支配收入，提高工资占比，可以增加需求、拉动投资、拉动经济增长，从而可以拉动就业。**所以，解决分配不公有利于吸纳剩余劳动力，而不是相反。**

不客气地讲，假如持这种观点的那些经济学家认真读过凯恩斯的《就业、利息和货币通论》大概就不会有这种看法。如果没有时间读书，可以看看第二次世界大战后西方资本主义国家的历史。从20世纪大萧条以来，在工资占GDP比重较高，同时政府的公共支出较高的 50—70 年代，即"里根革命"前，美国的失业率是相当低的。

而且，上面那个劳动力供求理论，从社会角度讲也是错误的。西方经济学劳动供求理论建立在下面这个劳动力供给曲线（或供给函数）上（见图 5—1）。

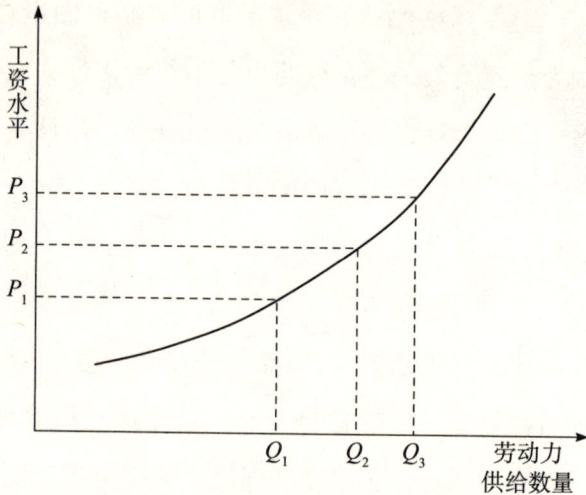

图 5—1 西方经济学中的劳动力供给曲线

它说，工资上升，则劳动力供给数量上升，工资下降，则劳动力供给数量下降。这对一家微观企业而言是适用的。但是，就社会整体而言却是错误的（这是一些人的通病，将个体的行为加总变成社会的行为）。

我们知道，一个社会劳动力的供给数量，主要由人口数量和年龄结构等决定。在一段时间中，劳动力的供给数量基本上是稳定的。而且，在收入分配不公、社会保障体系没有建立起来的情况下，劳动者的主要生活来源是工资。没有工作、拿不到工资，劳动者就会生计无着。所以，当劳动者面临工作还是饥寒的选择时，即使工资下降，他们依然会接受。在这种情况下，社会劳动力供给的价格弹性其实非常低，再低的工资也会被接受，总比生计无着强。所以，就社会整体而言，在收入分配极端不公、没有社会保障体系的情况下，劳动力供给曲线应当接近于下面这条曲线，或者稍微向右边倾斜一点（见图5—2）。

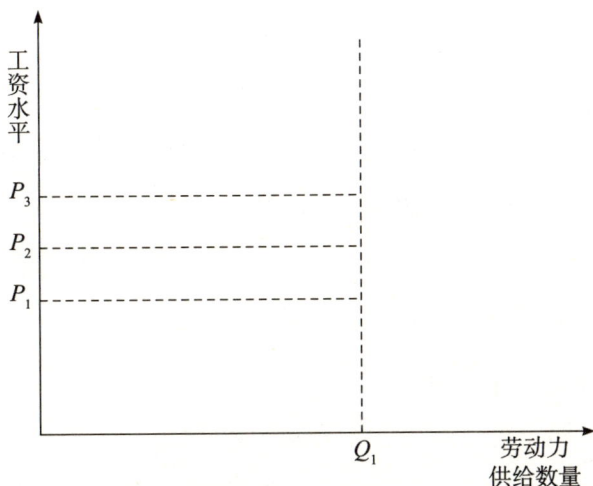

图5—2　真实社会中的劳动力供给曲线

这就是为什么仅仅依靠市场原则无法使劳动者工资在GDP中份额上升，无法解决贫富悬殊问题，无法解决工资太低问题的原因。正是由于这个接近于垂直的真实社会中劳动力供给曲线的存在，一个社会必须不断提高最低工资。

怎样才能增加劳动力供给的价格弹性，改变这一曲线的形状呢？也就是说怎样才能让劳动者拒绝接受过低的工资呢？唯一的办法就是建立社会保障网，使劳动者有自由选择的权利——在工资太低的情况下，拒绝它。这说明什么？说明为了建立公正的、雇主和劳动者能平等竞争的劳动力市场，需要政府干预，需要政府下决心解决贫富悬殊问题。

在进一步的私有化和市场化中进一步按要素分配
来解决贫富悬殊问题？

制造问题的原因，不可能成为解决问题的手段；导致贫困的力量，不可能成为消除贫困的推手。

看不见的手导致了收入分配不公。解决这个问题，需要看得见的手。至少挽救美国经济危机的罗斯福总统是这样认为和这样做的。但是，有些经济学家不这样认为。

有些经济学家说，解决贫富悬殊问题可以，但是不能以政府干预的方式来解决，而必须进一步实行私有化和市场化，按要素分配，通过市场竞争来解决。前不久，在网上看到一位名人谈论解决贫富悬殊。他这样说：有一位企业界的朋友告诉我，中国历史从来就是暴政和暴民的交替，中国必须解决贫富悬殊问题。这话讲得很有历史眼光。接下来他又说，解决贫富悬殊问题的唯一途径是按要素分配，只有通过进一步的市场化和私有化，才能解决贫富悬殊问题。

市场化和私有化同社会公正之间，那么遥远的万水千山，被有些学者这么轻而易举地瞬间跨了过去。经济学变成了浪漫的诗歌。这种看法很有代表性。解决贫富悬殊，成了有些人进一步推动私有化和推动放任自流的市场化的理由。

按要素分配真的可以解决贫富悬殊问题吗？

前段时间抽空看亚运会的时候，忽然想到，有人将市场经济比作运动会。这个比喻太恰当了。市场经济就是将大多数选手淘汰出局，少数精英胜出，最后将几十亿，甚至上百亿元的大奖章，挂在头几名的脖子上。

这就是单纯市场经济的结局。但是，市场经济毕竟不是运动场。**运动员被淘汰出局，其实无关社会大局。但如果大多数人在社会竞争中被淘汰出局，这个运动场可能就会变成战场。**淘汰大多数人的，必将被大多数人淘汰。如果一个经济机制不能实现或保证大多数人的利益，大多数人就会想到另起炉灶；如果一种发展道路不能包容大多数人，大多数人就无法认同这种发展模式，这种经济增长就"不可持续"。

经济学虽然可以非常高深，但也可以非常简单。那些认为按要素分配可以解决贫富悬殊问题的人，经常喜欢谈论亚当·斯密、新古典主义、帕累托最优等等，好像不把人说糊涂就不能证明自己正确。有时候，经济学非常奇怪，越简单、越贴近事实的道理就越正确。要回答"按要素分配能否解决收入不公"这个问题，只需要一个简单的例子。

有张三和李四两个人。张三有 1 亿元资产，李四有 10 万元资产。两者间的贫富悬殊很大。为了解决贫富悬殊，你反对政府介入，要进一步按要素分配。结果是没有悬念的。张三当然更要拿大头，李四当然更要得小头。这不仅不能解决贫富悬殊，反而导致贫富悬殊更严重。这么简单的道理，到了某些经济学家那里，就是讲不明白。

按这个思路下去，你还要进一步地搞私有化，让张三这类少数人掌握更多的社会资源。然后，进一步按要素分配，岂不是更进一步加剧了贫富悬殊，导致社会更进一步的撕裂？

所以，私有化和绝对的市场化，是制造贫富悬殊的黑手。

解决贫富悬殊问题，如同大家围坐在桌子前分蛋糕。以前大家都是通过比拳头，按个人竞争实力来切割蛋糕的。有一天，大家发现，目前这种蛋糕的分配方法太不公平，强者得到太多，弱者得到太少。大家提议重新分配。这一点无人异议。怎样重新分配呢？有人站出来提议说，让我们更彻底地比拳头。结果，拳头硬的那一部分人得到的份额更多，拳头软的得到的更少，贫富悬殊更大。经济学在这些人手中，被揉得如此庸俗。

这个提倡比拳头的人，就是提倡按要素分配可以解决贫富悬殊的经济学家们。无论其初衷如何，最后结果都是阻碍贫富悬殊的解决。

稍稍有历史常识的人，是不会闹这种笑话的。几千年的私有制历史，就是拳头硬的多吃，拳头软的少吃；坐拥金山银山的多吃，一无所有的少吃的历史。如果按要素分配能解决贫富悬殊的话，我们必须钻进时光隧道，回到私有制的起点，将人类历史重新演绎一遍。

在这个世界上，有没有按要素分配，通过单纯的市场，解决了收入不公和贫富悬殊的例子？

没有！

以俄罗斯为例。想当初，俄罗斯用休克疗法，搞私有化和市场化，休克得经济崩溃，民不聊生。巨大的国民财富给休克没了，俄罗斯政府被休克得一穷二白。有时候，俄罗斯政府，不得不向国际金融投机客低三下四，借钱来解决财政问题。按那些市场经济可以解决贫富悬殊问题的看法，俄罗斯贫富悬殊问题应当是解决了。其实不然，俄罗斯贫富悬殊非常严重。在俄罗斯财富的天平上，一方面是少数世界顶级的寡头，一方面是大量贫困的中下层。近年来俄罗斯贫富悬殊有些改善，谁都知道，那是政府干预的结果以及苏联体制遗产的作用。

再以隔了一个太平洋的美国为例。美国算是市场经济的样本。如果私有化、市场化就能解决贫富悬殊问题的话，美国根本就不应当出现贫富悬殊，因为美国是私有化和市场化最彻底的国家。但是，美国的贫富悬殊非常严重，并在 20 世纪大萧条前达到了极点。后来罗斯福"新政"在一定程度上抑制了这个问题。但是，从 20 世纪 80 年代以后，"里根革命"推动了一系列的新自由主义改革，减少政府干预，减少政府对分配的介入，实现了更彻底的"按要素分配"。

按照"按要素分配"派的观点，"里根革命"必然缓解了贫富悬殊和收入不公。

结果恰恰相反，它使得美国的贫富悬殊变得非常严重。就让我们多花一点笔墨，认认真真地看看几个衡量贫富悬殊的指标。

第一，基尼系数。基尼系数是用来衡量一个社会收入分配不公正程度的指标。数值越大收入越不公正。下面这个图是美国基尼系数的历史轨迹（见图 5—3）。

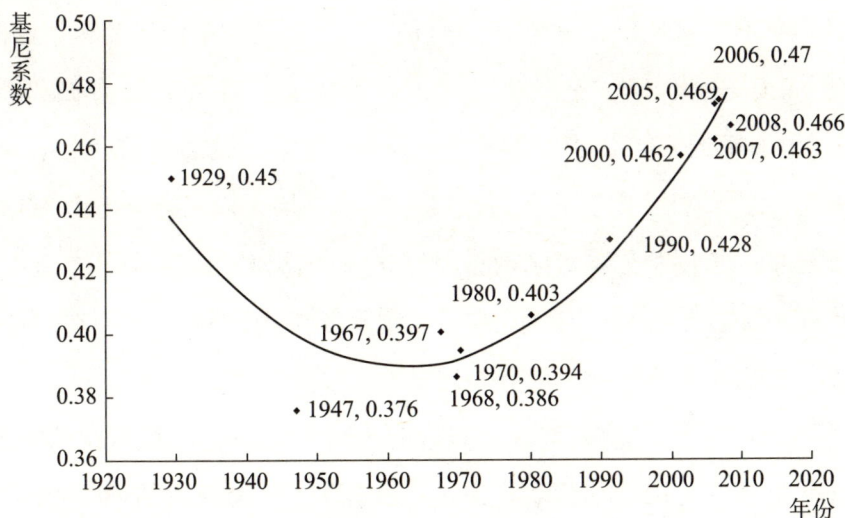

图 5—3 美国基尼系数

在大萧条前，美国基本按要素分配，是私有化和市场化最彻底的时期，美国基尼系数高达 0.45。后来的罗斯福"新政"，通过收入分配调整和政府干预，在一定程度上降低了收入分配差异，导致美国基尼系数大幅度下降到 0.37～0.39。一直到 70 年代后期都基本稳定在这个程度。但是，从 20 世纪 80 年代起，随着"里根革命"的开始，政府干预减少，政府对再分配的调节减少，美国基尼系数迅速攀升。到了金融危机爆发前，美国基尼系数高达 0.47，超过大萧条时的 0.45，至今高居不下。基尼系数的这种变动历史表明了一个真理——按要素分配只能加剧收入分配不公。

第二，财富集中。市场经济导致分配不公，导致财富不受限制地集中。从 1922 年到 1929 年大萧条爆发前夕，美国迅速完成了财富的高度集中。财富金字塔顶部 1% 的人口，拥有的社会财富比例从 1922 年的 31.6%，增长到 1929 年的 36.3%。财富集中的状况从罗斯福到"里根革命"以前得到极大的抑制。在里根就任时，美国金字塔尖 1% 的人口拥有财富比例只有 20%。但是，几十年的"革命"使这个比例发生了巨大变化。这 1% 的人口，占有的社会财富从 1981 年的 20% 蹿升到 2007 的 40% 以上（参见图 5—4）。同年，最富的 5% 的人口占有超过 50% 的社会财富，而占人口 40% 的下层人口只拥有 1% 的社会财富。如果再用基尼系数来衡量财富集中的话，它已经达到了 0.82，几乎是到了极限，成了富者通吃了。财富集中的这种历史对比，同样证明：私有化和市场化只能导致财富的高度集中。

第三，中下层的相对贫困。20 世纪 80 年代以来，减少政府干预的结果导致经济增长和劳动者收入之间出现了一个巨大的剪刀差，而且这个剪刀差不断扩大，导致劳动者相对贫困加剧，社会总有效需求

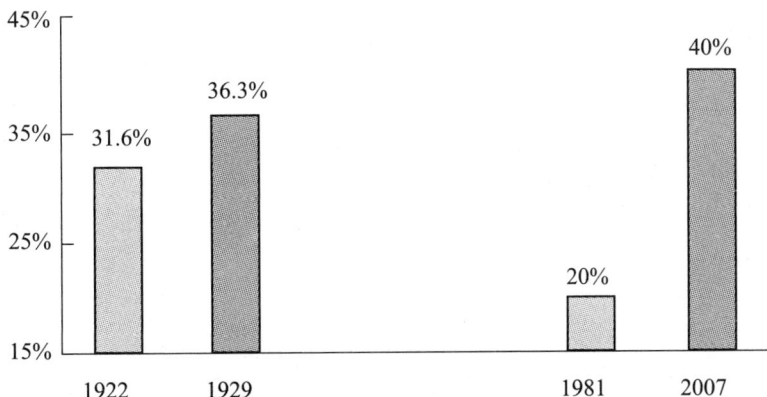

图 5—4 美国最富有的 1％的人口所拥有的社会财富占比

不足。从 1980 年到 2006 年，美国人均 GDP 增长 67％，但是劳动者的中等收入只增长了 16.9％。在危机以前的 7 年中，劳动者的中等收入在扣除通胀因素以后，不但没有增长，反而下降了 0.6％。我们为什么要用中等收入呢？有人喜欢用平均收入。**平均收入掩盖了不同收入群体间的差异，尤其是掩盖了高收入群体和低收入群体间的差异。**比如一个人拿 100 元，另一个人拿 1 元钱。平均工资是 50.5 元。这个平均工资有什么意义？而中等收入则避免了这个问题。它是顶部 50％和底部 50％的分界点。中等收入其实就是底部 50％的人的收入上限。如果中等收入只增长了 16.9％，那就意味着在它下面的 49％的人的收入增长，低于这个 16.9％。下面这个图表，反映的就是这种剪刀差（参见图 5—5）。这个建立在真实数据基础上的剪刀差表明，50％以上的劳动者在危机前的二十几年中经历了不同程度的相对贫困或绝对贫困。

第四，中产阶级沉沦。有些人为了推销绝对的私有化和市场化，使劲忽悠中产阶级，说这条道路有利于制造中产阶级。其实，这是一剂让中产阶级沉沦的药方。如果剔除通货膨胀，美国国税局的资料表

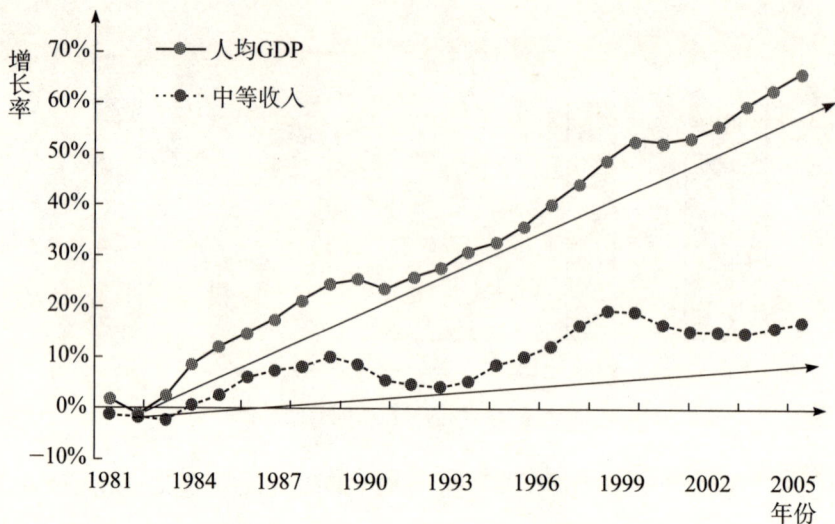

图 5—5　美国 GDP 增长与中等收入增长

资料来源：http：//www. epi. org/publications/entry/webfeatures ＿ econindicators ＿ income ＿ 20080826/。

明，美国纳税人的平均工资，在 1988 年为 33 400 美元，20 年以后，到了 2008 年，这个数字是 33 000 美元，还后退了一小步。而顶部的 1％的人，工资在同期上升了 33％。中产阶级正在沉沦。如果说美国社会在"里根革命"以前像有些人说的那样，是一个橄榄形的社会，那现在，正在变成金字塔形社会了。

所以，有人指出美国的中产阶级正在沉沦。新美国基金（New A-merica Foundation）的雪勒·施文宁格（Sherle Schwenninger）在最近的一份报告中是这样描述美国中产阶级的现状的：

> 现在美国有 850 万人领取失业金，大约 4 000 万人依靠政府发放的食品券生活；按目前的速度，美国在 2018 年以前都不可能实现"充分就业"；中等收入的工作正在从经济中消失。在

1980 年，每 100 个工作中，有 52 个是属于中等收入的；现在这一比例下降到 42%；中等收入的工作正在被低收入的工作取代；大约 1 700 万大学毕业生从事的都是不需要大学教育的工作；工资在个人收入中的比重从 1980 年的 60% 下降到 2010 年的 51%。而中产阶级主要依靠工资度日。

这份报告的题目是什么？是"压力下的美国中产阶级"。作者指出，中产阶级提供了社会稳定，是社会的良心和灵魂，但是，中产阶级却在沉沦，大量的财富和权力集中在金字塔的顶部。

这些都是按要素分配和取消必要的政府干预的结果。

上面这些实证的例子不仅证伪了市场经济可以自己解决贫富悬殊的假说，而且证实了这样一个历史事实：市场经济和按要素分配都是制造收入不公的那双看不见的手。

中国需要培养大量的中产阶级。中国现在和潜在的中产阶级如果知道这条道路对他们的真实含义，是不会赞同这种忽悠的。

如果我们把美国过去几十年在新自由主义下走过的这条路当成镜子，是不是可以在里面看到许多发展中国家的影子？看到这个世界的某些影子？**基尼系数增长、贫富悬殊恶化、中下层相对贫困化，几乎成了经济传染病，通过"华盛顿共识"这个意识形态病毒流传全球。**中世纪（14 世纪）的黑死病横扫欧洲的时候，几千万人坠入死亡的深渊；过去几十年"华盛顿共识"风行全球的时候，更是让几亿人落入无法分享经济增长的陷阱。正如鼠疫杆菌不可能是医治黑死病的良药一样，"华盛顿共识"也不可能是解决贫富悬殊的药方。恰恰相反，只有当人们形成了"抗体"，能成功抵制它们侵袭的时候，我们才能看到解决问题的曙光。

建立在私有制基础上的放任自流的市场经济，是收入分配不公和贫富悬殊的原因，而不是解决它们的出路。

认为按要素分配可以解决贫富悬殊问题的，可能有几种不同的人。有些是真诚地相信，有些是不求甚解地忽悠，另外一些人可能就是某些利益集团的代言人了。中国已经是一个多元化社会，出现利益集团的代表是符合逻辑的事情。不过为了个别集团的利益而置大多数人的利益和中国的长治久安于不顾，一味推行少数人的利益，可能就不是一个简单的利益多元化问题了。

当然，那些不顾中国长治久安，唯恐天下不乱的只是少数。

治学要有求实的态度，不能流于空谈，空谈误国。经济学也是如此。

对那些坚持认为进一步私有化和市场化以及进一步按要素分配能够解决贫富悬殊问题的人，我们建议他们拿出实证的例子来。

由于缺乏实证的例子，提倡按要素分配可以解决贫富悬殊的人，才要到西方经济学的教科书那里找教条。遗憾的是，这些教条帮了倒忙。

这些教条说，市场经济必然是均衡的，必然导致要素间的均衡配置。关于按要素分配，西方的所谓实证经济学就到此而止。

而中国有些经济学家，就从这里开始了自己的附会。漫不经心地将均衡当成了公平。他们认为，市场经济导致要素间的均衡配置，也就实现了公平。再以前面的例子为例。有张三和李四两个人。张三有1亿元资产，李四有10万元资产。按要素分配，张三得大头，李四得小头。西方的实证经济学说，这是均衡。中国有的学者说，这是公平。

均衡和公平的差异被故意混淆了（后面还有进一步的论证）。

理论的差异，往往导致实践的差异。如果均衡就是公平的话，那么解决不公平的途径，就是寻求"均衡"，就是彻底地按要素分配，就是推行彻底的"私有化"和"市场化"；如果均衡不是公平的话，那么解决不公平问题的途径，就不能单纯依靠"市场均衡"，就不是进一步地按要素分配，而是要运用市场以外的手段。

这就是概念游戏下的利益动机和路径选择。我们前面提及，中国未来的关键就是道路选择。

稍稍了解新古典经济学的人都知道，其最大的一个特点就是没有价值判断。不仅如此，它还反对价值判断，将收入不公和贫富悬殊这类价值判断从经济学中踢了出去。它实际上承认市场经济导致贫富悬殊，市场均衡就是不公平的，只不过它认为这不是一个问题，更不是一个需要解决的问题。

新古典经济学认为，判断市场经济公不公平没有意义，解决贫富悬殊根本不是他们的议题。不信，你翻一翻哈耶克，翻一翻弗里德曼。新古典经济学讲的是均衡，不是公平。如果有的经济学家要同哈、弗二人讨论，如何用私有化和市场化解决分配不公的问题，他们可能会先向你介绍经济学入门教科书，在你读通了、读懂了以后，再介绍你去和经济学一年级的同学讨论，市场经济是如何实现分配的。在这一过程中，新古典关心的是均衡，不是公平。

再以前面分蛋糕的故事为例吧。有一群人围住一张桌子，凭拳头和实力抢蛋糕。弄得弱者只能在桌子下捡一点蛋糕渣。一会儿，某些新古典经济学家来了，评论说，嗯，凭拳头抢是不公平，但是经济学不管公平还是不公平，我们只关心均衡，每个人在自己利益驱动下，抢着拳头抢，是实现均衡的唯一方式。过了一会儿，有些中国学者来了，评论说，喔，凭拳头抢才是实现公平的最佳手段。为了实现更大的公平，让我们更彻底地抢着拳头抢啊。这些经济学家，是不是特有创意！西方那些新古典经济学者，估计也会听得目瞪口呆。

先生，还顾及经济学表面的理性；学生，却把经济学起码的理性给虚无掉了。

在解放经济学思想方面，先生不如学生。在学生手里，经济学是橡皮泥。脑袋里有什么结论，经济学就可以被捏成什么样子。真是青出于蓝而胜于蓝。

那些提倡以进一步地按要素分配来解决贫富悬殊问题的看法，闹出了这么多违背历史常识和经济学常识的笑话。既没有看明白世界，也没有看明白中国；既没有弄清西方经济学，也没有弄清自己所云，还要说这是"普世价值"。

均衡和公平，二者不能混淆。

我们不太相信，极个别人在提倡彻底的私有化和市场化时，不知道这条路径会扩大而不是解决贫富悬殊。我们不怀疑他们起码的逻辑能力；我们怀疑他们是想通过这条道路，将贫富悬殊制度化，将贫富悬殊的体制永远强加在中国身上。那些继续推动"华盛顿共识"的人，尽管他们嗓门大，声音的"含金量"高，粉丝也很多，但是，他们没有一个人是自信和坦诚的，没有一个人愿意公开承认他们的真正目的：制造贫富悬殊，让贫富悬殊永恒化。那些直接或间接反对解决收入分配不公的人，总是要用高深的经济学术语来掩饰自己的真正立场。所以，他们声音并不比中下层对公平的沉默诉求更有力量。

市场化和私有化，从来没有，也永远不能解决贫富悬殊。对极少数提倡通过凭拳头抢蛋糕来实现公平的经济学者，我们妄评一句：单个弱者的拳头是不硬的，但是，千万个弱者的拳头是最硬的。

人民，才是历史的创造者。

一个社会结构必须是多数人能接受的社会结构。

大多数人相信这个真理。

公平与效益是矛盾的？争取效益只好牺牲公平？

没有公平的所谓的效益，是摧毁社会的高效率武器。在公平的旗帜上写有效益，而效益的旗帜上未必有公平。

找回公平在经济学中的地位

主张极端的私有化和极端的市场化，还有一种理由：公平导致低效益。在新古典经济学里，你翻来覆去看，也看不到结果公平。结果公平其实是属于弱势群体的，属于中下层的。洋洋洒洒的新古典经济学，汗牛充栋，大师云集，居然容不下属于弱势群体的这个词。

目前，许多推动绝对市场化的人，关于市场经济，有以下三种流行的假定。

- 市场永远是均衡的；
- 均衡就是效益；
- 公平和效益是矛盾的。

让我们将前两个问题留给后面的章节，先看看最后一个问题。公平和效益是什么关系？

有些经济学家宣称，经济学是不讲道德的。持有这种观点的人不少，西方也很多，以哈耶克和弗里德曼为代表。这些人的言下之意是，经济学家不管公平。他们认为公平是规范，效益是实证；公平是价值选择，效益是实证选择。在他们眼中，公平和效益彼此矛盾，公平和经济增长不能兼得。有一段时间，不讲道德的经济学相当时髦。

公平正义和经济增长之间本来没有矛盾，而有些人在观念上将二者对立起来，然后毫不犹豫地牺牲了前者，公开批评公平，甚至将扩大不公平当成了推动经济增长的主要动力。公平在效益这顶大帽子下，显得如此滑稽、卑微和弱小。在严重的时候，有人想把效益推行到社会生活的方方面面，将公平踩在脚下。公平几乎快成了效益崇拜祭坛上的一只任人宰割的羔羊；市场经济几乎变成了一场对非公平的崇拜。

牺牲公平其实就是牺牲中下层，牺牲社会的大多数。将公平同效益对立起来，实质上就是将经济发展同中下阶层对立起来。有人说，哎呀，搞了公平，就牺牲了效益。为了经济增长，为了效益，只有牺牲公平，牺牲中下层了。以牺牲大多数人利益为代价的 GDP 增长，究竟有什么意义？

为了替这种不公平的理论模式提供道义上的基础，有人还提出了所谓的"两部曲"蛋糕理论——先把蛋糕做大，再讨论如何切蛋糕。这个"两部曲"的蛋糕理论至少有四个问题。（1）它忘了吃蛋糕的人就是做蛋糕的人，分配不公降低了做蛋糕的人的积极性，蛋糕难以持续做大。（2）蛋糕分配不公，能吃蛋糕的没有足够的蛋糕，少数人又有吃不完的蛋糕，结果导致对蛋糕的总需求不足，同样导致蛋糕不能"可持续"地做大。（3）那些掌握了吃不完的蛋糕的人，为了自己的特殊利益，会利用手中吃不完的蛋糕带来的（经济社会）资源优势，阻止蛋糕的公平分配。所谓的"两部曲"，最后只能是"一部曲"。（4）吃不到蛋糕的人，忍无可忍时，还可能铤而走险，一举把桌子推翻，甚至把桌子给砸了，导致经济体系的崩溃。所以，这个蛋糕理论最终是一个既不公平又无效益的理论，弄不好做蛋糕的桌子都要被这种理论打碎。

如果做蛋糕的桌子都被打碎了，还有什么效益可言？

可见，归根结底，公平同效益分不开。

公平和效益这对关系，就看你怎么看。如果只看鼻子尖那一点，那是什么都看不清楚的，弄不好还会把眼睛看坏了。然而就有眼睛盯着鼻子尖的经济学家坚持要把道德从经济学中踢出去，不愿在经济学中为道德留一席之地。他们认为经济学是科学，科学家不愿同伦理学家"同流合污"。就单纯的经济学而言，只要经济学家愿意，可以不讲道德，可以在文章里不讲道德。但是，经济学不是经济政策。**经济政策同经济学是有差别的，在利益多元化社会里，它更多的是利益博弈和价值选择的结果。经济政策必须讲道德。**因为经济政策不是简单的科学研究，不只是反映不同经济现象之间的联系和因果关系（这些都是经济学的任务），更重要的是，它还涉及不同阶层间经济利益的消长、财富的流动，直接导致财富的分配和再分配，其中有很多价值判断。打个比方：核武器、核物理是科学，造核武器的过程是科学的过程，但是造不造核武器却是价值选择，而在什么时候使用核武器是更高层次的价值选择。

不讲道德、不讲价值选择的经济政策，是摧毁一个社会的大规模杀伤性武器。

每个人都有自己的价值体系和利益坐标，一般人是很难超越的。那些公开宣称不讲道德的经济学家，在做出政策建议的时候，背后的动力依然是价值判断和利益取向。极个别不讲公平的经济学家，其真正目的可能就是不要公平，不承认他人的利益。如果一个经济学家不讲道德，其所推荐的政策建议中必然有许多道德和利益的陷阱，弄不好他们的政策建议就沦为某些利益集团的自私工具。

当然，既然是搞市场经济，那些不讲道德的经济学家，可以追求自己和自己委托人的利益。但是，提出经济政策建议的时候，千万不要太不讲道德。政策建议中的数字，不是简单的符号，那是千千万万活生生的普通人；政策建议中的利益增减，不是简单的数字运算，那是那些普通人的生活变迁。要知道，几千万人下岗的背后是几千万个家庭的悲欢；房产泡沫的背后，是无数居无其屋的家庭在望屋兴叹！经济学家要从"老吾老以及人之老"和"为人民服务"中吸取道德的良心。

亚当·斯密并不提倡唯利是图

那些不讲道德的经济学家，大多数是自由主义经济学家。他们天天将亚当·斯密挂在嘴上，好像亚当·斯密就是不讲道德的鼻祖。这位苏格兰经济学家，在成为经济学家以前，是道德学教授。从某种意义上讲，经济学家是他的兼职。在发表《国富论》以前许久，他就发表了《道德情操论》；发表了《国富论》以后，又再版了《道德情操论》。但是，他没有因为《国富论》而否定《道德情操论》。不仅如此，这位沉默寡言、终生未娶的经济学家，在道德践行上也是身体力行。他在巴黎有过一段不成功的恋情以后，终生未娶；在《国富论》

发表以后，英王政府任命他担任类似海关职员的职位。提倡自由贸易的人，成了积极推行贸易壁垒的官员。他并没有因为自己的思想而妨碍国家的利益。他在任内极力杜绝走私，极力推动重商主义。比如，他曾经建议独立不久的美国不要搞现代工业，专心致志地搞好自己的比较优势——农业就行了。以至于后来有人指责斯密，说他提倡自由贸易是假，推动英国利益是真。不仅如此，他还拿自己开了一刀——将他从欧洲大陆游历带回的许多衣服，全部焚毁。为什么？因为没有交关税。他不仅这样做，还写信报告上司，劝上司也这样做。真是一朝权在手，便把令来行——拿自己开刀。这种道德践行，水平不低。

当然，这些都不是亚当·斯密的学术思想。在那些天天念叨亚当·斯密的人的口中，似乎《国富论》提倡个人的私欲、贪婪和奢靡的生活方式。这些人有没有认真读过《国富论》？亚当·斯密在里面提倡过不讲道德吗？没有。完全相反，斯密没有原谅贪婪、腐化和以自我为中心，他提倡节俭，而且他也从来没有想以效益取代道德。斯密在《道德情操论》里认为，同情是推动仁慈的力量；在《国富论》中认为，"私利"是推动经济的力量。他力图将二者结合起来。当然，亚当·斯密有一些空想，因为市场经济的确是由私利推动的，必然导致物欲横流。所以，他没有成功地将二者融合起来。想以经济学解决道德问题，斯密是我读到过的第一个失败者。这个失败，证明了一个假定：斯密笔下的那个完美的市场经济其实是一种空想。

失败并不等于没有尝试过。如果知道几百年后，有的经济学家会把他当成不讲道德的挡箭牌，不仅作为道德学家的斯密要愤怒，作为经济学家的斯密也是要郁闷的。

斯密调和道德和市场经济的努力失败了。所以，我们要更加注

107

意市场经济那种内在的道德破坏力，在搞市场经济时，要更讲道德。

中下层的处境才是衡量社会效益的最终尺度

长久以来，有人将公平同效益对立起来。似乎贫富差距越大效益越高。其实，极端的不公平，就是极端的低效益。从宏观上看，公平就是效益。让我们从困惑中国的内需不足开始论述。大家都知道，内需不足严重损害着中国经济的总体效益，迫使中国走出口导向的道路，用货物和服务换回美元。中国积累了超过3万亿美元的外汇储备。而美元又持续贬值，从2006年中国汇改到现在，贬值大约20％。中国的财富损失高达几千亿人民币！这大约不能算高效益。

要提高总体经济效益，必须提振内需。欲提振内需，必须从解决分配不公入手。从更宏观的历史角度看，收入分配不公导致有效需求不足，导致经济危机，导致经济的总体效益下降。

公平同效益的关系，还体现在经济活动的目的上。经济活动的真正目的是什么？有些经济学家认为，经济活动的目的是创造财富，而财富就是花花绿绿的钞票。那么拥有10亿美元，而不小心流落到了孤岛上的鲁宾逊先生，是不是很富有呢？别人可能这样认为，但是我们的鲁宾逊先生自己绝不会这样认为。无论是美元、人民币，还是黄金，都不能满足他的需求。为了在孤岛上生存下来，他必须妥善利用他的稀缺资源——时间，从事经济活动。而且，这些经济活动的唯一目的就是满足他的需要。对他来说，能满足他需要的货物和服务才是真正的财富。满足人们的需要，才是经济活动的目的。亚当·斯密这样认为，马克思也这样认为；对荒岛上的鲁宾逊先生是这样，对在长江三角洲的张三也是这样；对一个人是这样，对一个社会也是这样。人们为什么需要赚钱？是因为你可以用它换取你需要的货物和服务，比如，买一台电脑，或旅行等等。所以，赚钱只是获取货物和服务从而满足你的需求的手段。

　　经济活动的根本目的是满足人们的需求。这就是"以人为本"。人们物质文化需求满足的程度，是衡量这个经济体效益高低的最终标准，而不是单纯的GDP。以相同的投入，能最大限度地满足人们需求的经济体，才是一个高效益的经济体。如果大多数社会财富集中在少数人手中，成为闲散资本，而大多数人又处于有效需求不足，许多需求无法得到满足的境地，这个经济体当然是一个低效益的经济体。我曾经向许多朋友做过一个简单的测试。有两个在所有方面都完全一致的经济体系，它们的GDP规模都是14万亿人民币，唯一的差异是：A经济体的收入分配基尼系数为0.35，而B经济体的基尼系数为0.5，请问这两个经济体哪一个更有效益？所有朋友都脱口而出：A是一个更有效益的经济体系——还真没有悬念。

　　这些朋友都有获得诺贝尔经济学奖的才能。因为诺奖得主也是这样认为的。

　　印度有个经济学家，阿马蒂亚·森（Amartya Kumar Sen），曾获得1998年的诺贝尔经济学奖。他认为社会经济效率不是由平均收入衡量的，而是由平均收入乘以（1－基尼系数）来衡量。基尼系数衡量收入不公，（1－基尼系数）就是公平的程度。所以，效益是收入水平和公平程度的积。我将这个公式改为：

　　　　社会效益 $W = GDP \times (1 - GINI)$

求导，就得到

$$\Delta W = \Delta GDP + \Delta\ (1 - GINI)$$

即

社会经济效益的增长＝GDP 的增长×公平程度的增长

可见，提高公平也就是提高效益；反之，则降低效益。

笔者曾经反复指出，中国经济要保8，还要保公平。将基尼系数降下来，就提高了效益。

阿马蒂亚·森属于福利经济学派。福利经济学同新自由主义经济学在对待收入分配上观点是有分歧的。后者认为只要按要素分配就是效益；而前者却认为，只有当货物被分配到那些能从中获得最大效用的人手上，才能获得社会效益。

比如有 100 元钱需要分配，新古典经济学家说，必须按要素分配，结果其中大部分都被有钱人拿走了，他们认为这就是效益。而福利经济学家认为，不对呀，你应该将这 100 元钱中的很大一部分分配给穷人，因为这笔钱给穷人带来的边际效用更高、更有用，他们认为这才是效益。

这就是二者的差别。

还有一个叫约翰·罗尔斯（John Rawls）的经济学家，也是一个偏向穷人的经济学家。他认为，只有当穷人的效用被最大化的时候，社会效益才能最大化。他提出用下面这个公式来衡量社会效益。

$$W = \min\ (Y_1,\ Y_2,\ Y_3,\ \cdots,\ Y_x)$$

这个公式的含义非常简单。它认为，社会效益与社会中最穷的人有关。所以，实现社会的经济效益最大化的途径，就是使社会中最穷的人的收入最大化。注意，这个"最大化"，同微观经济学中的任何

"最大化"一样，是指在特定的条件下。

这两位经济学家是有道理的。

在收入分配极端不公的情况下，调整收入分配和再分配本身，尤其是提高中下层的收入这件事本身，就提高了社会经济效益。同样1元钱带给穷人和富人的满足程度是不一样的。1元钱收入的增加带给贫困阶层的边际效益的增加，要远远高于1元钱收入的相应减少带给富有阶层的边际效益的降低。让一个饥肠辘辘的人多分配到一碗饭所带来的正边际效益，要远远高于豪门减少一碗饭所带来的负边际效益，从而增加了社会的总体经济效益。

公平正义不会导致平均主义

也许有人问，大力提倡公平正义，会不会导致平均主义？

在市场经济的条件下，答案是否定的。为什么？

因为市场经济每时每刻都在大量地制造收入不公和贫富悬殊。不公平是市场经济的本质。

例如，美国在20世纪50年代末，个人收入的最高累进税率高达91%，这并没有导致平均主义，美国当时的基尼系数依然在0.37～0.39之间，比中国改革开放前要高出许多。

调整收入分配，只不过是在一定程度上减少市场经济不公平的破坏性，并没有改变市场经济导致不公平的本质。

搞市场经济，要患不均。

如果我们将计划经济同市场经济比较一下，正确的方法是，在公有制计划经济条件下（公平），可以偏重于讲差异；而在市场经济条件下（不公平），则应当偏重于讲公平。

所以，在市场导向改革初期，"讲差异"符合历史；但是，在市场经济导致差异已经很大时，再继续沿用"讲差异"的思路，就违背历史了。在这个时候，要"讲平均"。

这样才是实事求是，从国情、从生活出发。为中国所有阶层计，当代中国不能让少数人将公平和效益对立起来。不要以此为借口，为解决贫富悬殊设置障碍。

没有公平就没有效益。最大的不公平带来最大的低效益。衡量社会经济效益的标准，不是利润或利润率，也不是 GDP，是中下层在什么程度上享受了经济发展的果实。公平同效益的统一是经济学里面最大的群众路线。只有处理好了这个问题，经济政策、经济改革以及经济发展才可能站在大多数人一边。只有站在大多数一边，才可能站在历史的一边；只有包容了大多数人的增长，才是可持续的增长，才是以人为本的增长，才是为大多数人服务的增长。政府要一心一意谋求社会的公平，中下层人民要理直气壮地争取自己的公平。**所有为公平而奋斗的人们，要理直气壮地宣称：争取公平就是争取效益。**

没有公平的效益，对大多数人而言毫无意义，那只是少数人的效益。

市场会自动自发达到均衡？均衡就等于效益？

"市场经济在追求均衡的时候，可以自然而然地给每个人带来繁荣和幸福"，这是一个让灰姑娘的故事都显得苍白的神话。当午夜的钟声敲响的时候，中下层发现，所有的华丽场景都是幻象。"无所不能"的市场的能力其实是有限的，社会的价值和选择要高于市场的均衡。

市场经济需要社会选择和价值判断

罗斯福认为，利润动机必须让位于更高贵的社会价值。这位资本主义国家的总统没有把利润动机当成神圣的权利。不仅如此，他还认为社会价值高于私欲，社会价值选择的推行需要政府干预。

有些经济学家说，政府干预妨碍了均衡，社会价值必须让位于利润动机，让位于均衡，均衡高于公正，市场高于所有社会价值。

这就涉及到了一场相关的争论。

"均衡"是新古典经济学的第一定律，是市场原教旨主义的第一戒条。许多利益集团在均衡的口号下结成了"神圣同盟"。但是，在市场经济中，均衡不是效益。如果没有政府干预，均衡可能如同一张铁幕，掩盖着许多难以详述的灾难。

反对政府干预的观念，还可能根源于另外两个误解。第一，认为市场经济永远是均衡的；第二，把均衡当成了社会效益。

我们不同意市场永远是均衡的假说。但是，为了集中注意力，在这里，暂时对市场是均衡的这个假定存而不论。

就均衡和效益的关系而言，我们提出了一个反定律：均衡不等于效益。

德国社会民主党人伯恩斯坦说过一句话：目的微不足道，运动就是一切。推动极端市场化的人，有些与此相似，认为均衡就是一切，目的不重要，从而大搞均衡崇拜。好像经济活动、内外经济政策、汇率政策，甚至改革的目的是为了实现均衡，而不问一下，我们需要什么样的均衡？

对那些不是学经济学的读者来讲，可能对"均衡"有些陌生。均衡是什么含义呢？简单来说，就是市场竞争的主体间达到了一种势均力敌的平衡，或实现了资源的均衡配置，最简单的就是供求平衡。就像拔河，双方处于势均力敌的那个状态，就叫均衡。在一场拔河比赛中，可能有许多个势均力敌的点存在。在这些状态下，任何一点外力，都会打破这个平衡。这就是许多人反对政府干预的原因。

新古典经济学描述的这个均衡状态，颇像战国时期楚国诗人宋玉笔下的东邻之女，增一分则太胖，减一分则太瘦。许多新古典经济学家，就拜倒在这位东邻之女的石榴裙下，他们认为，秀外就是慧中，均衡就是效益。

均衡是迷人的，曾经也迷住了我。我刚到美国学习西方微观经济学的时候，邯郸学步，也用几何图形和微分积分方程，来推演微观经济学原理和均衡。那些精美的数学模式让人感叹不已，使人常常忘记了美轮美奂形式掩盖下的错误假定。

后来才发现，均衡不等于效益。

在对待市场调节资源配置这个问题上，我们不赞同均衡就是一切。

我们提倡符合社会根本利益的均衡。我们认为：

● 一个经济体在任何时候，都可能有许多潜在的均衡点存在。

● 其中有些符合该社会的根本利益，另外一些则相反。

● 寻求那些符合国家利益并能满足社会成员需求的均衡点，是社会的责任，政府的责任。

基于这三点假设，一个自然的结论就是：不能搞放任自流的市场经济。

让我们逐一讨论这三个问题。

(1) 一个社会可能存在许多潜在的均衡点吗？当然。

供求平衡是一种基本均衡状态。当一个经济体出现总有效需求不足的时候，这个经济体面临至少两个潜在的均衡点。一个是闹一场危机，大量破坏供给和产能，导致经济在低水平上重新实现均衡。一种是通过政府干预，提振总有效需求，使其等于总供给，让经济在高水平上实现均衡。

看看实例。在 2007—2008 年的经济危机中，经济系统就存在着两种潜在的均衡点。一个是政府无所作为，让经济极度收缩，通过剧烈的震荡向下寻求均衡点，导致类似于大萧条的后果。另一个是我们看到的，通过政府干预，将经济维持在一个较高的均衡点上。这两个潜在的均衡点都存在。

(2) 不同均衡点上的社会经济效益是不是不一样？当然不一样。

中国经济就存在许多潜在的均衡点。有些均衡点显然不符合中国的国家利益和社会利益。

比如，就内需和外需而言，中国经济有两个潜在的均衡点。一个均衡点以出口导向为主；另一个则以内需为主。这两个均衡都有可能实现供求均衡，但是它们所体现的社会经济效益显然不一样，对社会需求满足的程度也不一样。社会需要在这两个均衡点中做出判断和选择——是以出口导向为主，还是以内需为主？如果选择了以内需为主，那么政府就有责任通过经济政策或其他政府干预，将经济移动到以内需为主的那个均衡点上；如果选择了继续以出口导向为主，那么政府就会用一系列政策，如出口退税等等，将经济移动到以出口导向

115

为主的均衡点上。

再以解决贫富悬殊问题为例，中国经济同样有两个潜在的均衡点，一个均衡点贫富悬殊很大；另一个比较公平。是保持贫富悬殊，还是追求公平正义？如果选择了追求公平正义，而我们又知道市场是无法解决贫富悬殊的，那么政府就有责任通过经济政策或其他干预措施，将经济移动到体现公平正义的那个均衡点上；如果选择了保持贫富悬殊，那就推行进一步的私有化和市场化，减少社会公共支出的增加，拖延贫富悬殊的解决，让经济停留在贫富悬殊的那个均衡点上。

再以自主创新和低水平循环的均衡为例，中国经济同样有两个潜在的均衡点，一个是低水平循环基础上的供求平衡；另一个是技术创新基础上的供求平衡。

所以，市场经济存在许多潜在的均衡点。有自在的均衡，有自为的均衡；有自由放任的均衡，有社会选择的均衡；有高效益的均衡，有低效益的均衡；有符合国家利益的均衡，有损害国家利益的均衡；有导致社会长治久安的均衡，有导致社会不稳定的均衡。其中许多资源均衡配置的点，不一定符合社会利益，不一定是资源的有效配置。那些不符合社会利益的均衡点，体现的就是市场经济的潜在破坏性。对市场均衡的这种二重性，我们要有清醒的认识。

(3) 在存在许多资源配置均衡点的情况下，政府能不能放任自流？不能。

寻求那些符合国家利益并能满足社会成员需求的均衡点，是社会的责任和政府的责任。换句话说，政府不能简单地接受均衡，而必须主动地寻求符合社会利益的均衡。市场和政府都必须是资源配置的力量。

政府是均衡的选择者，而不是均衡的被动接受者。

如果将均衡当成汇率政策等经济政策的目的，就可能犯将手段当成目的的错误。均衡不是经济活动的目的。经济活动的目的是实现社会经济效益。就像开弓不是目的，中靶才是目的一样，我们应当用均衡的箭来射中国社会经济效益的靶。

总之，市场经济需要价值选择。价值选择其实就是方向选择。搞市场经济不能不问方向，忽视市场经济内在的特点。

社会通过看得见的手进行选择

市场经济的局限在于，它那只看不见的手，不可能将中国经济自动推向符合中国经济利益和大多数人利益的均衡点上。

就上面的那些例子而言，市场不会自动地走向以内需为主，不会自动走向公平，不会自动走向自主创新的均衡点。实现这些目标，需要社会选择。

均衡点选择不当，会给经济社会带来巨大的负面影响。以许多发展中国家为例，搞了几十年的市场经济，依然在贫困和贫富悬殊那个均衡点上挣扎。

我们需要好看好吃、秀外慧中的均衡。为了实现这种均衡，我们需要两只手：看不见的手和看得见的手。就此，我们需要重新认识政府和市场的作用，要将被新古典经济学弄糊涂了的概念拨乱反正。

市场需要看得见的手。

市场经济下，有作为、负责任的政府，都是均衡的选择者，而不是均衡的简单接受者。

为了实现符合社会利益的均衡，政府应当强势作为，对不同的市场均衡点做出判断，做出毫不含糊的选择，做出强势的政策配套；根据社会需要，直接对资源配置做出必要而有力的调整。

其实，罗斯福当年在美国所做的，就是调节资源配置，调节市场均衡点，将美国经济从危机深重、贫富悬殊巨大的那一点，移动到相对稳定的另一点。美联储目前想做的，也是调节均衡点，试图将美国经济从长期低增长的均衡点上拉出来。美联储直接购买美国国债和与抵押贷款相关的债券，就是直接配置资源。

在此，继前文再简单介绍一下福利经济学。

西方微观经济学主要有两个分支：一是所谓的实证经济学，一是规范经济学，其中包括福利经济学。注意，这里的"福利"不是社会福利政策中的那个"福利"，用非经济学语言讲，这个"福利"是指社会需求的满足程度。中国的新自由主义经济学家们从来不提或很少提及福利经济学，因为福利经济学将社会价值和社会选择纳入了自己的框架。

福利经济学对市场经济的许多均衡状态是有价值判断的，这是有些人不愿意看见的。在他们看来，市场经济不需要判断，只需要崇拜，只需要照抄。

福利经济学同新自由主义经济学的异同在哪里呢？这两个学派都认为，自由竞争可以达到帕累托最优（一种均衡状态）。接下来就出现了分歧。新自由主义经济学认为均衡是实现最佳社会经济效益的充分必要条件，或者二者合一；而福利经济学则认为，帕累托最优（均衡）只是达成最佳社会经济效益的必要条件，而不是充分条件。帕累托最优的状态，依然可能是经济效益（社会福利）低下的状态。福利经济学认为，市场、竞争以及均衡不等于效益；而那些推动彻底的私有化和市场化的人，不仅将均衡当成了公正，还将均衡本身当成了社会效益。

均衡的是不是高效益的、合理的？这需要价值判断。

对新自由主义经济学家来讲，这是石破天惊、大逆不道的。新自由主义认为，凡是均衡的都是合理的，市场经济的一切都是完美的。

福利经济学认为，一个经济潜在的均衡点很多，但是只有一个点是最佳的，这个点由社会选择函数（the social welfare function）决定。所以，福利经济学更看重社会选择。

新自由主义不提社会选择。撒切尔夫人就曾经说过，没有所谓社会的东西，只有单个的个体。他们不顾社会经济效益，自由放任市场力量，放弃对均衡的判断和选择。

我们希望那些出于善意而推动这条路径的人们，反问自己一下，这种放弃社会选择而获得的资源均衡配置符不符合中国的国家利益？能不能实现最大的社会效益？利不利于长治久安？

我们在这里简单介绍福利经济学的目的，是想指出，在西方经济学中也有那么一个曾经非常流行的流派，他们不崇拜均衡。其实，对福利经济学，我们也不是完全赞同的，因为它对市场的看法还是太乌托邦化。

均衡不等于效益。社会不能做均衡的奴隶，要做均衡的主人。中国不仅要搞市场经济改革，不仅要让市场配置资源，还要判断一下，什么样的均衡才能带来最大的社会经济效益，才符合大多数人的利益。让有选择的均衡为社会经济目的服务。在众多的潜在均衡点中，追求一种在公平基础上实现的均衡，一种体现以人为本精神的均衡，是社会的责任。通过干预资源配置来追求和实现体现某些社会价值和社会目标的均衡，实现可持续的增长，是政府责无旁贷的职责。政府和市场都有配置资源的责任，政府不能袖手旁观。

劳动不创造财富？"效用"创造财富？

如果我现在告诉你，这个世界上的财富不是劳动创造的，而是享用劳动产品的人创造的，劳动者都是寄生虫，你信吗？你大概会认为这太骇人听闻，认为我的脑子太有毛病。如果我还在大庭广众之下理直气壮地宣扬这种观点，公众大概会认为我要么是在搞笑，要么精神有问题，要么就是在忽悠人骗人钱财。有趣的是，这种有毛病的理论居然是（新古典主义）西方经济学的基础，是要素分配理论的基础，是这几十年西方经济变化的基础，是时下流行的经济思潮的核心。

提倡彻底按要素分配的人，是有理论武装的，而且是全副的欧式或美式装备。他们的核心观点是：价值或财富不是劳动创造的，所以必须按要素分配。他们引进了一种"先进"武器，叫效用价值论。按时下流行的网络语言讲，"神马是效用价值论呢"？其实效用价值论非常简单。效用价值论认为，价值不是工人、农民，不是所有从事劳动的人创造的。劳动不创造价值、不创造财富，所谓价值是由使用者的主观效用决定的，这就是效用价值论的核心。

比方说，如果你是一个农民工，在城里日晒雨淋地盖了许多房子。看着那一片片拔地而起的楼盘，你心里一定会想，啊，那就是我的劳动成果，我创造了财富。这个时候，效用价值论会跑出来唤醒你的白日梦。它说，你没有创造价值，是那些享用这些房子的人创造了价值。如果你是一位出租车司机，每当你顶风冒雪将客人拉到了目的地时，你可能会想，唉，终于又挣了一笔钱，又创造了一点价值。这个时候效用价值论会跑出来搅乱你的宁静。它说，你没有创造价值，是那位坐车的人创造了价值。如果你是一位刚出校门的大学生，好不容易找到了一份工作，成了一名劳动者甚至是白领，你自豪地想：我终于有了给社会、给自己创造价值的机会了。效用价值论会跑出来消灭你的自豪。它说，作为劳动者你永远不能创造价值，只有那些享用你劳动成果的人才能创造价值。总之，劳动一文不值，劳动者卑微而低贱。所以，为了经济发展牺牲他几千万也无所谓。

这显然是一个将世界颠倒和扭曲的理论。如果说效用价值论是一个颠倒的世界的话，那么整个新古典经济学（放任自流的市场经济）理论，就建立在这个颠倒的基础上。如果新古典经济学真像有些人崇拜的那样，是一个巨大的金字塔，那么这个金字塔就倒立在效用价值论这个支点上。所以，只要咱们的工人农民知识分子一起拒绝这一点，那个金字塔就会轰然倒塌。

不管这种理论有多么玄妙，大多数劳动者是不会赞同的。因为，这是一个否认劳动者的理论。劳动者的主要经济职能是劳动，如果劳动不创造价值，那么广大的劳动者岂不反倒成了寄生虫，95％以上的社会成员岂不就都成了寄生虫。"不是劳动者养活了社会，而是那些享用劳动产品的人养活了劳动者。"不要以为这是笑话，这是一种流行的经济学看法，只不过我们用白话把它讲出来了。前几年流行的一本书中就持这种观点。比如，作者怎么看美国享有了中国劳动者的大量劳动成果（中国的贸易顺差）这件事呢？作者先从效用价值论讲起，最后得出结论说这不是中国在供养美国，是美国在养活中国，是美国的效用为中国创造了价值。作者还进一步讲，你造什么银河计算机啊，那玩意儿你又不愿意卖给美国，对美国没有效用，所以没什么价值。

按这种理论，别说"按劳分配"了，能按要素分配就应当千恩万谢。既然劳动不创造价值和财富，劳动者有什么理由要求提高工资占比？既然劳动不创造价值，劳动者有什么理由要求提高最低工资？既然劳动不创造价值，有什么理由要求解决贫富悬殊问题？你说在这种理论面前，劳动者有什么理由不战战兢兢？有什么理由不甘心被弱势和边缘化？有什么理由不被"牺牲"掉？

按照这种理论，什么分配不公，贫富悬殊，那不就是如同日月经天一样正常的事？甚至还有人把这叫做"普世价值"。大家看过《非诚勿扰 2》吧。里面有一个基本的看法，就是干什么都要靠谱。这种理论是不是太不靠谱了？

我想告诉大家的是：这个理论从一开始就不是"普世价值"，一开始就是针对性很强、目的性很强、利益偏好很强的"理论"。笔者对效用价值论和它的历史有一些涉猎。这个理论产生于 19 世纪。在 19 世纪，劳动价值论十分盛行，是经济学的主流。无论是按照亚当·斯密的劳动价值论，还是马克思的劳动价值论，当时西方那种经济体制都是不合理的。面对日益高涨的工人运动，西方经济理论无法为现存的制度进行理论辩护。在这种情况下，西方经济学搞了一场"边际革命"，也算是一种"理论创新"吧。"边际革命"是一场针对劳动价值论的革命，一场针对劳动者的革命，一场捍卫既存利益结构和制度的革命。这场关于谁创造了价值的争论，过去和现在一样激烈。因为它关系到对历史的认知，对未来的选择和社会的选择。所以，它一出台就受到精英阶层的全力追捧，迅速占领了西方经济学阵地。大家有时间和兴趣，就去翻一翻那段争论。**你会发现，西方那套东西就吊在效用价值论这条细细的线上，一旦这条线断了，那些东西就会落入历史的深渊。**

这场"革命"的核心就是否定劳动创造价值。它认为产品或服务没有所谓的内在价值。一切所谓的价值都是由需求者的主观决定的，没有客观的尺度。边际革命的目的是要打破从亚当·斯密、大卫·李嘉图到马克思的劳动价值理论。边际革命以后，价值变成主观的了。换句话说就是，如果你是一件产品的话，我说你是绝世珍宝，你就是绝世珍宝，我说你是绝世废物，你就是绝世废物，没有什么客观标准。产品是没有内在价值的，劳动者不创造价值。

从实际的角度看，这种理论创新的荒诞不经是不言而喻的。按"边际效用"理论，巴菲特通过寻找"内在价值"被低估的股票进行投资是注定要失败的。所有的证券都是没有内在价值的。按照这种逻辑，华尔街制造金融垃圾，通过金融创新来化腐朽为神奇的做法都是有道理的。因为，如果金融证券的价值是主观的，那么华尔街这类机构的目的不是要去创造或发掘有内在价值的投资，而是通过各种手法提高投资者对垃圾债券的主观效用，让投资者认为华尔街制造的垃圾都是珍宝。

有人把包括效用价值论在内的某些西方经济学称为实证经济学。其实"实证经济学"没有一点"实证"。效用价值论只是从需求的一方来理解问题。谁都知道，假如产品的价值只是由需求一方来决定，所有的厂商都得破产关门。笔者以前在国内是学习劳动价值论的，到了美国开始学习效用价值论。有一次我问我的老师，按照效用价值论，假如一个国家的 GDP 或当年创造的财富的价值，不是由劳动生产率、资本存量或劳动投入决定的话，那这个国家为什么要提高劳动生产率？为什么要搞劳动分工？为什么要增加资本投入？为什么要提高就业率？没有人能回答这个问题。如果真像这种理论认为的那样，一栋大楼的价值，不是由建造的人创造的，而是由住进去的人创造的，那谁愿意建造大楼？没有人建造大楼，你有了住大楼的主观愿望，也不可能像神话中那样变出一栋大楼，而你必须先要造出满足你需求的大楼。为此你必须考虑造大楼的成本，考虑这栋大楼的内在价值。所以，投入成本是绕不开的。马歇尔为了避免效用价值论的这种误区，搞出了一个折中的供求决定价格的理论，把供给引入了这里，在这里价值不完全由效用决定。

其实，财富是劳动创造的，价值也是劳动创造的。如果一个社会的劳动者一年不劳动，这个社会就很难维系。如果没有劳动和劳动的积累，一个社会就没有所谓的财富。如果价值都是主观效用的话，不需要积累价值、积累财富，只是积累主观效用就行了，一个社会为了致富不必劳动。在新中国成立的时候，除了重新唤起的民族雄心、丰富的劳动力和巨大的劳动热情以外，可以说什么都没有，包括没有什么资本。那几代人就是通过劳动，通过积累劳动来积累资本。笔者当知青的时候，就修过水库、造过农田，这都是创造财富，如果你要核算它的价值的话，那些价值都是劳动创造的。新中国成立后的几十年，就这样积累了大量的社会财富或资本。这些社会财富和资本都是劳动的积累，是劳动的创造。所以，在任何社会，任何情况下，只要你追根溯源，"还原历史"，你会发现是劳动创造财富，劳动创造资本，劳动创造价值。本来经济学的任务是要反映现实，但是有些人却专门以扭曲现实为己任，而且扭曲得那么别扭。

大家想想，如果劳动不创造财富，那么人类历史上就不存在剥削，奴隶就应该感谢奴隶主，农民应当感谢地主，人类历史就要完全改写。

不只是马克思认为劳动创造财富，亚当·斯密、大卫·李嘉图也认为劳动创造财富；不只是马克思认为劳动创造价值，洛克、杰弗逊、林肯也认为劳动创造价值。中国人可能对洛克并不陌生。他是那些提倡私有化的人们手中的旗帜。为什么？因为洛克认为产权神圣不可侵犯。但是，那些"旗手"忘了洛克产权理论的一个核心论点——**洛克认为财富都是劳动创造的，产权是劳动创造的，因此劳动创造的所有产权才是神圣的。反过来说，不是劳动创造的产权，是不应当被保护的。劳动创造财富是洛克产权理论的基石。**按照洛克的逻辑，劳动积累起来的公共产权同样是神圣不可侵犯的。劳动创造财富是文艺复兴以来的主流看法，效用价值论反动了这个历史传统。

新古典经济学家言必提亚当·斯密，却抛弃了亚当·斯密的核心价值。因为，亚当·斯密对市场经济的推崇是建立在劳动价值论基础上的。为什么亚当·斯密认为市场经济和经济自由可以带来繁荣？这几年来，笔者读了几遍《国富论》，最后明白了斯密的逻辑。斯密的逻辑是这样的：经济自由可以推动社会的劳动分工；分工的结果，每人都从事最适合自己的、劳动效率最高的工作；结果社会得以繁荣，个人的生活水平得以提高。而这个分工的过程是通过自由竞争实现的。所以，市场经济之所以能带来繁荣，是因为它能推动社会分工，推动劳动生产率的提高。这个逻辑的核心必须是劳动创造价值。如果劳动不创造价值，自由竞争有什么好处？市场竞争又有什么好处？劳动创造价值是市场经济能带来繁荣的理论基础。《国富论》开篇首先讲的就是劳动分工，原因就在这里。所以，斯密提倡市场经济，不是为了提倡贫富悬殊和收入分配不公，而是提倡竞争带来劳动分工的扩大和深化，带来劳动生产率的提高。自由竞争和劳动创造价值是亚当·斯密理论的两大基本支柱，而自由竞争的落脚点是劳动价值论。如果劳动不创造价值，所谓市场经济就成了一个巧取豪夺的赌场。我想按新古典经济学的本意，恨不得打翻斯密的理论。但是，他们实在绕不开斯密，所以就对斯密采取了实用主义的态度，做了一次外科手术，保留了"看不见的手"，切除了劳动者创造价值的那一只手。

古典经济学和新古典经济学的基本差异在哪里？就在于，前者认为劳动创造财富，后者认为劳动不创造财富。当下中国，一些人用他们独门秘制的经济学术语精心包装，讲的就是这么一个核心信条。

西方经济学可以分为两大类，一类是实用经济学，一类是像效用价值论一样的"忽悠经济学"。前者还是有许多可以借鉴的。比如实用的那一部分认为，一个社会要繁荣要发展就必须提高劳动生产率，认为只有你能在单位时间内生产出更多的产品，你才可能提高生活水平。所以，你要发展科技，发展像"银河计算机"一样的高科技，因为它们可以提高劳动生产率。这种理论的前提，其实还是承认劳动创造财富和价值的，并把劳动看成是创造社会财富的唯一源泉，而不是像效用价值论那样忽悠人，认为劳动不创造财富。

中国还有人认为，交换创造财富。这大概不是这位先生的独创，在经济学历史上比这稀奇古怪的理论多的是。这位先生大约是看到，现在种田的农民得到的少，中间环节得到的多；现在中国劳动者得到的少，而把中国产品弄到别的市场上去的人得到的多的这种现实，从而就用交换创造财富去把它合理化，而不是要去改变现实。按交换创造价值的观点，既然交换创造财富，一个社会有什么必要需要劳动者，需要劳动？有什么必要提高劳动生产率，提高科技水平？这种理论缺乏基本的常识。从劳动价值论出发，你就要去改变这种损害财富创造者的不合理的现象。

弄清这个问题对中国的现在和未来非常重要，尤其是对广大中下层非常重要。**如果劳动创造价值，创造财富，那么 GDP 中的大多数归劳动者所有就是天经地义的事情。**如果市场经济不能自动地体现劳动创造财富，或者违背了劳动创造价值的事实，那么通过政府干预实现公平正义，就是对市场缺失的合理矫正；解决贫富悬殊和收入分配不公，大幅度提高工资占 GDP 的比例，就有了坚实的理论基础；中下层关于公平的诉求就有了坚实的理论基础，就是符合经济规律和经济法则的举措。**否则，如果劳动不创造价值，你这样做，有些人就会指责违背了市场经济的底线，你"劫富济贫"，是不合理的政府干预，妨碍了（有钱人的）自由，侵害了（富有阶层的）权利等等。**比如，当今有人就反对提高最低工资，认为这是政府干预价格。这也有史为证。当年罗斯福在美国搞"均贫富"，最高所得税税率提高到 91%。但是，在那个效用价值论占主导的氛围下，许多人指责罗斯福的政策，认为它们是不合理的政府干预等等。60 年代以后，这个最高所得税税率一路下降，到 80 年代降至不到 30%。这是真正的"人去政亡"。所以，劳动价值论是"高科技"，是攻克中国当今难关的"高科技"，是保证公平的政策和体制在几十年以后不会"人去政亡"的"高科技"，是维护国家长治久安的"高科技"。

我们在前面从宏观经济的角度指出，公平不只是道德范畴，而且是经济学范畴。现在，我们从劳动价值论出发，进一步发现公平不只是道德范畴，而是经济范畴。劳动创造价值，劳动成果（GDP）必须主要归劳动者所有——这就是公平。

有些人开出的药方，不是为了治病，而是为了让病更加严重。中国面临严重的贫富悬殊和收入分配不公，中下层的意见不小，希望解决的愿望很强。但是，有人却拼命忽悠中下层，说进一步地按要素分配能解决这些问题！是无知还是故意？

第六章
市场经济不是乌托邦

　　供给创造需求是自由放任的市场经济的原教旨定律。你别看放任自流的市场经济学的庙宇如何巍峨壮观，它的主要基石就这么一块。如果你抽走了这块基石，整座庙宇就会不推自倒。

■ 由于这个均衡点只是众多均衡点中的一个，从概率上讲，市场自身要实现这个高效益的均衡点的可能性是很低的。所以，从常态看放任自流的市场经济是低效益的。

■ 它悄悄地将支付能力和需求等同起来，认为支付能力就是需求，认为要素的货币收入就是需求，所以供给自动创造需求。

■ 以美国的数量宽松Ⅱ为例。市场信息传递的内涵非常明显：美国可能面临流动性陷阱和漫长的低增长风险。如果伯南克要尊重这个市场信息，就应当无所作为，听之任之，其结果就是美国经济的长期衰退。为了美国利益，他选择了干预，通过干预来改变或扭曲那些不利于美国长期利益的市场信号。

批判市场经济的不只是马克思

完全否定市场经济是错误的，对市场经济乌托邦化同样是错误的。**就中国目前的争论而言，彻底否定市场经济的声音不大，而将市场经济乌托邦化的声音非常大。**理论的争论往往导致实践的分歧。而实践的错误，往往是历史性的错误。

市场经济有没有局限性？

新古典经济学认为没有。他们认为市场是万能的，是永远均衡的，是唯一能实现资源有效配置的力量。所以必须由市场来配置资源，而政府必须从资源配置中退出来。

这种虚无缥缈的东西，在我们生存的星球上，从来就没有出现过。现代市场经济从诞生以来就一直伴随着经济危机和金融危机。近几十年来，更是大大小小的危机接连不断。

对市场经济的批评历来很多。马克思主义经济学认为资本主义必然走向危机。此外，西方经济学许多流派及其代表人物从不同角度，对市场经济也进行了多维度的批评。

> ■ 宏观经济学中的凯恩斯主义，从批评供给创造需求的萨伊定律开始，认为市场通常是不均衡的，所谓均衡只是一种特例。将市场推向均衡是政府宏观政策的作用。
>
> ■ 微观经济学中的约瑟夫·斯蒂格利茨（Joseph Stiglitz），从信息不完全和不对称的角度认为市场是不可能均衡的。市场信息完美无缺的假说，是市场均衡理论的主要基石之一。该理论认为这种

完美无缺的信号是实现资源最佳配置的必要条件。许多经济学家由此否定政府干预。他们认为，（1）政府干预经济所依赖的信号是不完善的；（2）政府干预的结果扭曲了市场信号，所以政府干预导致不均衡。而斯蒂格利茨否定了市场信号是完美无缺的假说。他认为，市场信号是不可能完美的，为此需要政府干预。他的这些研究获得了诺贝尔经济学奖。

■ 行为金融学认为，投资者的行为存在过度自信或反应不足等非理性特点，从而导致金融市场的非均衡。我们知道，市场主体的理性行为假说，是市场均衡理论的一个重要基石。市场均衡理论认为，每个市场主体，在完善的市场信号刺激下，为了追求自己效用的最大化，做出理性的行为选择，从而达到市场均衡和资源的最佳配置。而行为金融学否定了这种理性行为的假说。它认为，市场主体在追求自身利益时，其市场行为往往是非理性的。所以，（金融）市场的常态是不均衡的，正是这种不均衡导致了盈利机会。

■ 福利经济学虽然认为市场是均衡的，但是，它认为均衡并不等于效益（前面我们已经介绍过）。

由此可见，那种认为市场必然均衡、均衡就是效益的观点，只是西方经济学众多流派中的一个。这个流派在 20 世纪 30—80 年代比较边缘化。在那段历史时期，许多反对政府干预的人为了得到主流的认可，打着主流的旗号来反对主流。例如弗里德曼，本来是反对凯恩斯主义的，却公开宣称每个人都是凯恩斯主义者，颇有些"打着红旗反红旗"的味道。

放任自流的市场经济常态是低效益

放任自流的市场经济其常态是什么？在讨论这个问题以前，让我们一起再用经济学术语回顾一下两个问题：即，一个社会可能存在多个潜在的均衡点；不同均衡点的社会效益不一样。

所谓均衡，从供求的角度讲就是供求平衡，即 $S=D$。

为了简化问题，首先让我们假定供给 S 不变，而从需求 D 的角度来看。在短期内上述等式（即短期的均衡）至少可以在三个条件下实现：（1）收入极端不公；（2）收入分配相对不公；（3）收入分配相对公平。即从需求曲线的角度讲，至少有潜在的三个均衡条件存在。其中每个均衡点虽然都是 $S=D$，但是它们的经济社会效益是不一样的。

其次让我们假定需求不变，而从供给 S 的角度看。从长期来看，均衡至少可以在两个条件下实现：（1）低技术水平的生产结构；（2）高技术水平的生产结构。即从供给的角度看，至少有两个潜在的均衡点，而每一个均衡点的经济社会效益同样是不一样的。

如果我们同时考虑供给和需求（S 和 D）的不同情况，那么一个社会就可能有许多不同的均衡点，而其中只有一个均衡点实现了资源的最佳配置，实现了最大的社会经济效益。寻求这个最佳点，就是一个社会选择的过程。放任自流的市场经济，就是让市场力量去决定这个均衡点。但是，由于这个最佳的均衡点只是众多均衡点中的一个，从概率上讲，市场自身要实现这个高效益的均衡点的可能性是很低的。所以，从常态看放任自流的市场经济是低效益的，高效益只是一个特例。

根据上面的假定，我们至少可以有 6 个均衡点。假定其中有一个是高效益的均衡点的话，市场经济自发地实现它的概率只有 1/6，即 17%。而实际上，供给和需求的不同远远超过我们上面的假定。我们在上面只考虑到分配和技术水平分别对需求和供给的影响，其实供求还受到信息、处理信息的方式、对信息的反应方式等的影响，因而，$S=D$ 的潜在均衡点远远不止 6 个，所以，市场经济自发实现高效益的均衡点的概率远远不到 17%。

总之，均衡不等于效益。供求不相等固然不是高效益，但是，供求相等本身也不一定是高效益。既然这是市场经济的现实，那么让我们看看市场经济下政府的责任。我们将会看到，政府不能将社会选择的责任推卸给市场。

所以，我们提倡在市场经济下应当追求最大化的社会经济效益，而不是简单地追求均衡。对那些不符合国家民族利益、社会安定和大多数人利益的均衡，要坚决拒绝。

放任自流的市场经济常态是非均衡

上面的例子是用经济学术语说明在大多数情况下，均衡并不等于社会经济效益。下面，我们要着重讲一讲，放任自流的市场经济很难实现上述所谓均衡。

图 6—1 是美国 1980 年到 2011 年 4 月，制造业指数的变动曲线以

及美国历次金融泡沫和经济危机。这张图说明，所谓市场均衡是一种不符合事实的假定，一种被历史事实证伪了的假定。当然，如果有人一定要认为这就是均衡的话，那么世界上可能就没有不均衡的经济了。

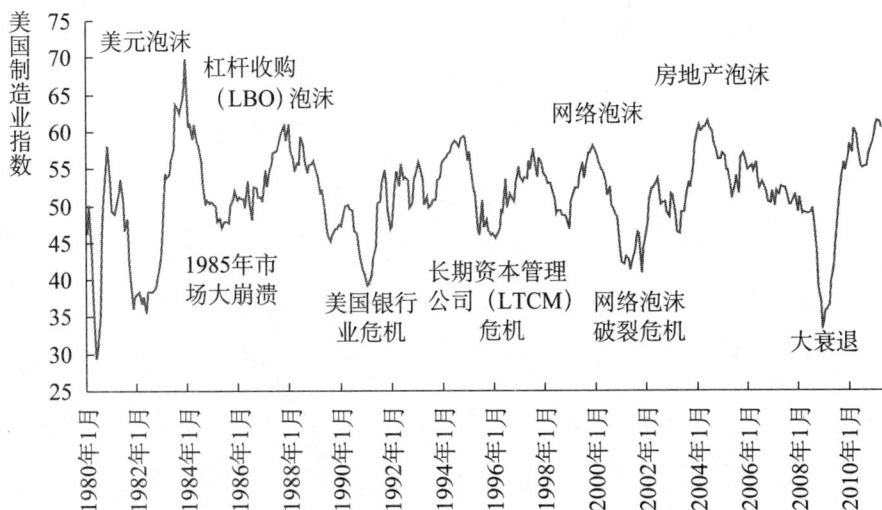

图 6—1　美国制造业指数变动（1980—2011）

前面提到过，经济学其实非常简单和通俗。让我们一起来完成这个尝试。

提到市场经济自动均衡的理论，绕不开一个人。这个人就是 19世纪法国的一个提倡市场经济的经济学家——萨伊。一般人对这个人可能不太熟悉。但是，在自由放任经济学家那里，他可是大名鼎鼎。为什么这么有名呢？因为他提出了一个萨伊定律。**萨伊定律的核心是：供给自动创造需求。这是市场经济理论的核心内涵，是迄今为止市场经济理论的基础。**

市场不均衡是什么意思？就是需求和供给不等。如果你能证明在市场经济条件下，需求和供给总是相等，而且这个相等是一个内在的、自动的、自发的过程的话，那么市场经济就会自动走向均

135

衡。那么，任何外在的干预，比如政府干预，其结果就只能是打破均衡。而且，如果你认为均衡就等于效益的话，那么你就会认为，任何打破均衡的状态，都是低效益的状态。于是，你就会得出一种结论，政府干预是破坏均衡的、是低效益的。这是市场原教旨主义的基本逻辑。

不过这个市场原教旨主义要能成立，必须有一个基本的前提：市场经济条件下，需求自动等于供给。

萨伊就提出了这样一个定律。他说，供给自动地产生需求。

为什么供给会自动产生需求，并使市场走向均衡？市场经济学家们是这样解释的：他们说，GDP 的生产过程自动创造出对 GDP 的需求。为什么会是这样？他们认为，在生产 GDP 的过程中，各种要素所有者会得到自己的收入，即要素收入，这就是工资、利息、地租、利润以及其他调整项目。总之，你要生产，你就会给工人发工资，支付利息或地租，你就会有利润等等。他们认为，这些收入就构成了对 GDP 的需求。而且从会计角度看，这些要素收入的总和在经过必要的调整以后，就等于 GDP。所以，GDP 在生产过程中，自动地创造自己的总需求；换句话说，在市场经济条件下，一个社会在生产 GDP 的同时，自动地创造出了对 GDP 的总需求。而且，从会计核算的角度看，这些要素收入的总和的货币价值，经过必要的调整，最后总是等于 GDP 的货币价值。所以，这些经济学家说，总需求等于总供给。

这就是为什么有些经济学家认为，供给自动产生需求，总供给和总需求必然相等（$S=D$），市场经济永远是均衡的。这么看来，市场经济还真是一部均衡的机器。

　　供给创造需求是自由放任的市场经济的原教旨定律。你别看放任自流的市场经济学的庙宇如何巍峨壮观，它的主要基石就这么一块。如果你抽走了这块基石，整座庙宇就会不推自倒。

　　供给创造需求如同一个迷宫，非常容易迷惑人。但是，在建造这个似乎是天衣无缝的逻辑迷宫时，这些经济学家犯了一个基本的逻辑错误和一个基本的常识错误。如果你戳穿了这两个错误，这个逻辑迷宫就变成了谎言。

　　这两个错误是什么呢？

　　首先看看那个基本的逻辑错误。上面那种供给自动创造需求的理论犯了将要素的货币收入自动当成了需求的逻辑错误。让我们从需求谈起。什么是需求？需求就是有支付能力的欲望或需要。所以，构成需求的有两个必需的要素，第一是支付能力；第二是需要。需求＝支付能力＋欲望（需要）。二者缺一不可。没有支付能力的需要不是需求，没有需要的支付能力同样不是需求。比如，你有买一架私人飞机的需要，但是如果你没有足够的钱，那么你的需要将无法转变为对飞机的需求；又比如，你有购买一架飞机的钱，但是你没有购买飞机的需要，那么你的钱同样无法转变为对飞机的需求。所以，没有相应的需要来支撑的支付能力，是不能形成有效需求的。后面这种情况，换句话说就是，**你有钱，但没有购买的欲望，你的钱就不是有效需求。支付能力并不自动地等于需求，二者不能混为一谈。**

　　但是，市场至上的理论恰恰犯了这种错误，它将要素的货币收入的总和（钱）同社会总需求混为一谈。这种理论在它的逻辑过程中，像魔术师一样，玩了一回偷换概念的把戏。**它悄悄地将支付能力和需求等同起来，认为支付能力就是需求，认为要素的货币收入就是需**

求，所以供给自动创造需求。 它的逻辑过程是这样的：

首先，在 GDP 的生产过程中，要素（例如资本、劳动等等）收入的总和＝GDP。

然后，它悄悄地植入了这样一个等式：要素收入的总和＝需求；我们知道，要素收入只是一种支付能力，所以，在这里它实际上是在说，支付能力＝需求（我们知道这是一个错误）。

然后它说，所以，总需求＝总供给。

将这个逻辑过程简化后就是：要素收入的总和（支付能力）＝总需求＝总供给（GDP）。所以，市场经济永远是均衡的。

我们已经知道，支付能力不等于需求，要素的货币收入不能自动等于总需求。所以，上面的逻辑过程是错误的，供给自动创造需求是不能成立的。这个错误的实质，就是只见物不见人。这是这类经济学的通病。它认为你口袋里的钱就是需求，而实际上，只有那些能用口袋里的钱来满足的欲望才是需求。比如，你口袋里有 100 元人民币，如果你没有将这 100 元人民币用来购买最终产品的愿望，你那 100 元就不是有效需求。对一个社会也是这样。

现在我们看到了上面那个逻辑过程的错误。如果我们发现在现实生活中，要素收入不等于社会的总需求的话，那么所谓供给自动创造需求，市场经济自动均衡和永远均衡的庙宇就会倒塌。

换句话说，如果要素收入总和大于或小于总需求，那么市场就无法自动均衡。

什么情况会导致货币收入不等于总需求呢？

一种情况就是一部分要素收入不用于购买最终产品。是的，一个社会的要素收入的总和在作出一定的调整以后从货币价值上看必然等于 GDP。如果这些货币收入都用来购买 GDP 这种最终产品，那么总需求＝总供给，就有了均衡。但是，我们知道在通常情况下，很多收入并不会用来购买最终产品。举一个明显的例子，**如果一个社会将要素收入的一部分投资于虚拟资本，在其他条件不变的情况下，社会总需求就会小于要素的货币收入，就会导致总需求小于总供给的现象，出现非均衡。**

我们来仔细看看下面这个例子。假定一个经济体的 GDP 总量是 1 万亿人民币，而且要素收入的总和通过调整也大致等于 GDP。这个经济体是不是就自动实现均衡了呢？不是的。我们知道，在社会的总支出中有一部分是投资 I。如果这个投资就是实物投资的话，你投资 100 亿人民币，会产生 100 亿人民币的最终需求。但是，如果这 100 亿元的投资 I 不是投资于实体经济，不是用来购买机器什么的，而是用来搞金融投资，用来购买有价证券，那么这 100 亿元的金融投资就不会带来对最终产品的需求了。在这种情况下，假定其他条件不变，一个社会总需求就会小于要素的货币收入，小于总供给，小于 GDP，就会有 100 亿元的需求缺口。

我们的第一个结论是，GDP 生产过程产生的要素收入的总和，并不等于社会的总需求，在这种情况下，虽然要素收入的总和等于 GDP，但是总需求大于或小于 GDP，经济会出现非均衡。

第二，我们看看那个基本的常识错误。上面那种供给自动创造需求的理论犯了一个认为只有要素的货币收入才会形成总需求的常识错误。从支付能力看，一个社会的支付能力，不只来源于 GDP 生产过程中产生的要素收入，还受其他因素的影响。在金融市场相当发达的今天，金融资产、信用和债务会从多方面影响一个社会的总需求，使总需求偏离总供给。让我们沿用前面的例子。一个经济体的 GDP 大约有 1 万亿人民币，而 GDP 生产过程中产生的要素收入加上其他调整项目大约也是 1 万亿人民币。所以，$S=D$，经济实现了均衡。上面的理论认为，决定社会总需求的只有要素收入的总和，由于要素的货币收入只有 1 万亿人民币，所以，最终需求也就只有 1 万亿人民币。但是，这里有一个常识错误。现代经济，由于金融和信贷的发达，形成最终需求的不只是 GDP 生产过程中产生的要素收入，还有其他许多因素，尤其是金融体系也要创造需求。

现在让我们看看金融体系如何影响总需求，导致总需求偏离总供给。

先看看债务对总需求的影响。你的钱（支付能力）可以来自于上面那种要素收入，也可以来自于借贷。这些借到手的钱，同你的收入一样，可以用来实现你的需要，而成为有效需求的一部分。有人通过举债来进行实物投资，也有人通过举债来消费，有人通过举债来支持政府开支。

在这种情况下

总需求＝要素收入＋某些债务

这时候

总需求＞要素收入的总和；总需求＞GDP

例如，一个经济体的 GDP 是 1 万亿元，而直接的要素收入也是 1 万亿元。如果这个社会通过杠杆运作借了 500 亿的债务，用于消费、投资和政府开支，假定其他情况不变，那么总需求就比总供给多了 500 亿元，经济就发生了不均衡。而且，这种债务扩张越厉害，它对总需求的影响越严重。这是债务扩张、提高杠杆倍数的情况。另外一种是降低杠杆倍数的情况，在这个时候就会出现相反的现象。由于前面讲到的那种要素收入中的一部分要用来偿还债务，结果总需求小于要素收入的总和，总需求就会小于总供给，经济同样会出现非均衡，只不过这时的非均衡表现为低增长，甚至通缩。这就是美国和欧洲面临的潜在问题。这个债务在很多时候，同 GDP 生产过程中的要素分配没有关系。**金融体系和银行体系本身是不断通过扩张债务和收缩债务来创造或压缩最终需求的。**

其次，资产价格的上升和出售虚拟资产也会影响总需求。比如一个社会股价上升，房价上升，给这些资产的所有者带来了财富增值。这种货币财富，不是产生于 GDP 的生产过程，不是生产过程中的要素收入，但是它们也会影响总需求。比如，由于资产价格上升带来财富效应，一部分人抽出大约 500 亿元用于消费和实物投资。那么，总需求就比总供给（GDP）多出了 500 亿元。经济也不均衡，需求大于供给。那么，与此相反的一面就是，当金融资本和其他资产价格下跌的时候，可能会从负面影响总需求，在这种情况下，许多人会削减开支，导致总需求的不足。所以，不只是 GDP 生产过程中产生的工资、利润、利息等收入会形成一个社会的支付能力，而且金融体系中的债务、资产等都会在数量上影响一个社会的支付能力。

总结上面两种情况表明，有人将要素的货币收入等同于社会的总需求是错误的。决定社会总需求的有许多因素：要素收入、虚拟投资，债务扩张或萎缩，金融资产价格的变动等等。在股票市场、债券市场以及其他资本市场高度发达的今天，虚拟资本价格的变动是常见现象，而且它们占 GDP 的比重越来越大，其对总需求的影响也就越来越大。所以，在市场经济中总需求＝总供给往往是一个特例，不均衡反而是一个常态。这就是为什么西方自"里根革命"以来，经济发展越来越不稳定的原因。

由于市场经济的常态是非均衡的，所以，需要政府的介入和干预。

此外，上面那个理论还有其他几个误区。比如，忽视了国际资金流动对总需求的影响。在开放经济中，热钱的流出、外资的流入等都会增加总需求，导致需求大于供给。又比如，忽视了物价水平变动的影响。假定1万亿元的要素收入＝1万亿元的GDP。但是如果物价水平上升了5%，而要素的货币收入没有相应上涨，在其他条件不变的情况下，真实总需求就会减少5%，就会出现供大于求。反之，如果物价水平下降了5%，在其他条件不变的情况下，真实总需求就会增加5%，就会出现供小于求。这些都可能会导致经济的不均衡。再比如，忽视了人的行为反应。在通胀的时候，人们可能会由于恐惧，担心价格上涨而抢购和囤积，结果导致需求的进一步增加，而通缩的时候人们可能同样由于恐惧，担心价格的进一步下跌而推迟消费，结果导致需求的进一步萎缩。这些同样会加剧经济的非均衡。

总之，供给自动创造需求，需求必然等于供给的假定是不能成立的。在搞市场经济的时候，我们必须要有清醒的认识，市场经济的常态是非均衡的。而且，金融体系的发展、经济的对外开放、贫富悬殊等，都加剧了非均衡的可能性。对此不能有幻想，不能认为市场会自动均衡。

最后，再谈公平和效益。将要素收入投资于虚拟资本的投资行为，导致要素的货币收入大于总需求。而且，一个社会的收入不公的程度越高，这个货币收入同总需求的缺口越大，供需就越不均衡。这就是为什么我们反复提倡，公平就是效益，公平会带来均衡。在其他条件不变的情况下，虚拟资本投资的规模同分配收入不公呈正相关。收入分配越不公，财富越高度集中，越多要素收入会被用于虚拟投资。比如，如果有人有100万元的货币收入，可能会有50万元用于虚拟投资；如果一个人有1 000万元的货币收入，可能会有500万元用于虚拟投资；如果一个人有1亿元的货币收入，可能就有几千万元用于虚拟投资。收入越不公，货币收入中的越大的部分就会转化为虚拟投资，经济离均衡就越远。

所以，市场经济自动走向均衡是一个神话。

"千万别同美联储对着干"

来自经济学的，对市场万能论的这些多视角的挑战，为第二次大战后西方经济史所证实。

第一，2008年的这次大危机证伪了市场永远均衡的假说。

第二，在经济自由化这几十年间，美国和其他发达国家，还出现了其他许多金融和经济危机。这些证伪了市场永远有效的假说。

第三，从20世纪大萧条以来，西方经济大致可以分为高税率时期和低税率时期。高税率时期是政府干预较多的时期，而低税率时期是所谓"经济自由化"的时期。同新古典经济学的推论相反，高税率时期的经济表现好于低税率时期，即，政府干预多的时期，经济的表现好于政府干预少的时期。这些历史事实，证伪了政府干预永远无效的假说。

搞市场经济必须对市场经济的这些缺陷有清醒的认识。既不能全盘否定，更不能盲目崇拜。**改革开放的最终目的既不是全盘私有化，也不是全盘市场化，其目的是满足人民的最终需求，增强综合国力，复兴中华民族。**对市场经济要用其利，而弃其弊。本来就有争议的所谓市场原则，高不过国家利益，高不过社会利益，高不过长治久安。

中国经济目前面临的诸多问题，原因之一，是必要的政府干预不够及时，比如贫富悬殊、房地产泡沫、通货膨胀、热钱流入等等。在这些方面，中国很早就提出了明确的控制目标，均尚未实现。

在政策目标无法通过市场来实现的时候，就必须考虑依靠非市场手段。但是，许多人却不顾经济的客观需要，打出"市场经济底线"的旗号，要让国家利益、政策目标、社会利益，符合莫须有的"市场经济底线"。这类人不是故意装单纯，就是别有利益驱动。

政府的经济责任之一，就是实现政策目标，纠正市场缺失。其手段只有两种："扭曲"价格或直接计划。

有些人害怕政府干预，认为政府干预会扭曲市场信息（价格），这太书生气。对那些不利于国家利益的市场信息就是应当通过政府干预，果断地"扭曲"一下。

以美国为例，美联储的主要责任就是"扭曲"市场信号，就是干预金融资产的价格。美联储有双重责任：充分就业和控制通胀。美联储的任务就是通过操纵或设定货币政策，使经济向符合这两个条件的均衡点运行。当美联储认为市场的价格信号背离了上述两个目标时，就会进行干预。干预手段就是"扭曲"市场信号——货币的价格。使这些价格有利于上述两个目标的实现。美国货币供给量、基准利率、贴现率等等，都是重要的价格信息。以基准利率为例，美联储决定基准利率的目标，然后通过在公开市场上买卖政府债券的方式来实现这个市场利率目标。谁都知道，通常情况下，市场的基准利率是由政府决定的。而其他利率，甚至股票价格和资本市场上的价格，都直接或间接地由这个基准利率决定。

以美国的数量宽松Ⅱ为例。市场信息传递的内涵非常明显：美国可能面临流动性陷阱和漫长的低增长风险。如果伯南克要尊重这个市场信息，就应当无所作为，听之任之，其结果就是美国经济的长期衰退。为了美国利益，他选择了干预，通过干预来改变或扭曲那些不利于美国长期利益的市场信号。

● 大量发行美元，购买政府债券和其他债券，其目的就是要"人为扭曲"金融资产的价格，刺激股市价格上涨；

● 大量注入流动性就是要"人为扭曲"大宗商品的价格，避免通货紧缩；

● 大幅度发行美元就是要"人为扭曲"美元的价格，导致美元贬值。

在所有这些政策实施中，美联储都是市场主体。美联储购买了大量的政府债券、消费者债券、房屋贷款债券等等，不仅"扭曲"了市场信号，还直接配置了资源。

货币价格即利率决定了资本的成本。所以，干预货币价格实际上就是间接干预整个市场体系的价格信号。从某种角度讲，所有金融资产的市场价格多多少少都是由政府决定的。所以，美国投资界有一句口头禅，"千万别同美联储对着干"（Never fight the Fed）。

为了实现政策目标，政府可以干预金融价格、干预货币价格、干预美元价格，为什么政府就不能干预其他价格信息？

奥地利学派和弗里德曼在反对政府干预的时候，遇到了中央银行这个理论障碍。为了彻底否定政府干预，他们最后走向了极端——反对中央银行和金融政策的存在，让货币发行由机械过程决定。在蛇身上添加的这只足，漫画式地成就了其市场万能论的荒谬和空想。

市场不可能自动达成政策目的，市场信号存在弊端，这就为政府作为留下了巨大的空间。只有政府才能"扭曲"矫正。在市场经济条件下，市场和政府都应当履行推动资源有效配置的职能。以中国为例，如果完全依赖市场信号的调节，中国永远解决不了贫富悬殊，解决不了对出口导向的过度依赖，解决不了沿海和内地的不平衡，解决不了房地产泡沫，解决不了通货膨胀，解决不了大量外汇储备贬值等问题。

把市场原则当成"摩西第 N 戒律"的人，不是想绑架中国经济，就是想绑住政府的手脚。有些人不是想把中国"带出埃及"，而是想把中国带入沙漠。

在有些人口中，市场经济永远有效，是天底下最完美的东西。实际上市场就是一个通过承认私欲来配置资源的经济体制，它固然有许多长处，但也有许多短处。然而还是有人把它同"天赋人权"等联系在一起。

放任自流的市场经济必然走向危机。为什么？图6—2表明了危机演化过程。

资本的利润冲动，以及政府削减税收和公共开支共同导致收入不公，导致中下层的相对贫困和财富的高度集中，导致社会总需求的不足和产能过剩。在这种情况下：（1）富有阶层拥有大量的闲散资本，无法投资于实体经济，不得不转战于虚拟资本；（2）中下层不得不举债度日，导致债务负担加重。二者交互作用，导致金融行业的恶性膨胀，产生金融泡沫或资产泡沫。资产泡沫带来的暴富示范效应，逐步

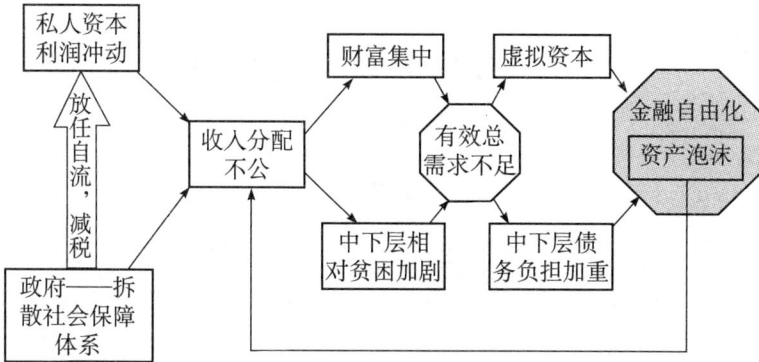

图6—2　放任自流的市场中危机演化过程

将全社会都拖入其中。反过来，资产泡沫导致更严重的收入分配不公。如此循环，最后爆发全面的经济金融危机。

这就是美国过去二十几年走入危机的逻辑过程。

政府的责任就是纠正市场缺失，防止经济危机出现，防止和治理贫富悬殊和各种泡沫。**在现阶段，我们可以将市场经济比喻为水。谁也离不开水，但是，谁也不应崇拜水，让洪水泛滥。水可以滋润万物，也可以冲毁一切。没有一个社会会让水放任自流。**政府的某些作用，就是兴修水利：该疏的疏，该堵的堵；那边修条运河，这儿筑个三峡；有时候蓄水，有时候分洪。一味放任自流，难免有一天洪水滔天。这，才是对待市场经济的正确方法。搞市场经济，就要有大禹治水的精神，让它造福于中华民族。

谁不喜欢干预？不喜欢什么样的干预？

在我们这个世界里，有些人并不完全反对政府对市场的干预，主要是看哪一种干预。

比如，在金融危机以前，金融资本反对政府对他们的干预。那个时候，他们希望有最大的自由，能够上下其手，在房产泡沫、金融欺诈、金融泡沫中套取最大的利润。许多中下层深受其害。而有人把那称为"有效市场"。

在危机来临时，金融体系面临崩溃，金融资本面临血本无归的风险，金融富豪们渴望和要求政府干预。结果政府用几千亿、几万亿美元纳税人的钱入场干预。这次，这些人把那称为"合理干预"。

当经济暂趋稳定，金融资本又开始忙于数钱的时候，政府打算搞医疗卫生立法和金融立法。这些人又改口了，说那是"反对经济"（anti-business）。

这种情况在中国也有。

比如说经济危机来了，房价面临压力的时候，他们说，房价下跌不利于经济，积极要求政府出台各种援助和支持政策，来保证房地产价格可以提高。

但是当房地产价格增长太快，带来许多社会经济问题，政府要控制时，他们就要反对政府干预了，说市场才是上帝，市场价格都是合理的，还创造了一个口号，叫"不能超越市场经济的底线"。

当他们看中了农民手中的土地时，他们提倡自由市场，这个时候，他们是坚决反对地方政府干预的；当他们看中了国有企业，要求在贷款、税收以及其他政策上帮助他们私有化时，他们便要求政府出面帮助他们实现私有化这个"神圣权利"。

所以，他们对干预和不干预是有选择的。

有些人希望要的是政府漠视社会不公、大力推动私有化、漠视黑社会横行、漠视劳工权益、漠视环境污染、无视价格操纵、压低电力能源交通价格、给自己的行业财政补贴等诸如此类的政府干预。

而他们绝对要反对的是最低工资制、政府对初次分配和再分配的介入、国有企业、唱红打黑、构建社会保障制度、工人集体薪酬谈判制度、环境保护、消费者权益保护等诸如此类的政府干预。

每个国家都有干预，关键是什么样的干预。

当一个社会中下层缺乏话语权，话语权被少数利益集团控制的时候，损害中下层和大多数人利益的东西，会被包装成"市场原则"，有利于社会大多数人的，却会被贬低为"违背市场经济底线"。

还比如，有些人反对计划。其实计划是个好东西。一个家庭，一个企业都需要计划，何况一个国家。现代经济怎能没有计划？差别在于，一个国家的计划是由政府做出，还是由少数寡头在圆桌会议上做出。像中国这样以人为本的国家，是需要基本的计划的。比如区域间的平衡、产业结构、粮食自足的程度、内需和出口的比例、就业的目标、工资总额占 GDP 的大体比例、社会的分配结构等等。这些东西，如果政府不计划，都留给市场，结果如何大家都知道。

所以，我们认为争论的关键，不是要不要政府干预，而是要什么样的政府干预，代表谁的利益的政府干预。干预的目的是为了实现社会价值，提高社会效益，矫正市场缺失，实现均衡发展呢？还是制造不公平，扩大差异，放大市场缺失，认可畸形发展？这些才是关键，而不仅仅是"大政府"和"小政府"的问题。

第七章
没有公平何谈自由？

牧羊人将狼从羊身边赶走。羊因而感谢牧羊人是它的自由的捍卫者，而狼却为同一行为而诅咒牧羊人是自由的毁灭者。显然，狼和羊对自由有不同的定义。[①]

——林肯

[①] 原文为：The shepherd drives the wolf from the sheep for which the sheep thanks the shepherd as his liberator, while the wolf denounces him for the same act as the destroyer of liberty. Plainly, the sheep and the wolf are not agreed upon a definition of liberty.

■ 新古典经济学的基本逻辑和晋惠帝一模一样。所以，晋惠帝也许真不傻，而是超前。放在今天，没准是一个声名远播的新古典大师呢！

■ 西方不少保守主义经济学家曾经都是大明星，闪耀在漆黑的夜空中。而有些保守主义政治家，则是狂热的追星族，狂热劲头甚于如今的"90后"。

■ 一个不能通过政府干预为那些弱者改变自己的现状提供条件的社会，一个不能保护竞争中的失败者的社会，就相当于一艘在汪洋中航行的船，既不采取任何措施保护自己的水手免于落水，也不去打捞那些已经落水的人们。

晋惠帝的"新古典"逻辑

中国历史上有一个三国时期。后来三国归晋，是为晋朝。晋朝后来出了一个名人——晋惠帝。他是司马炎的第二个儿子，名字叫司马衷，后来成了晋朝的第二个皇帝。史书上说他很傻，是个白痴。说他傻，我不太相信。因为，司马炎晚年鉴于曹魏的教训，对后继者的选拔还是非常认真的，曾经考察过司马衷好几次。史书上记载说，司马炎如何如何被糊弄了。这可能是当年写历史的人把历史书当成畅销书来写的结果。司马炎是什么人？那是武功和文治都有几把刷子的人，是重新统一中国，开创"太康盛世"的人，不可能那么好糊弄。不管怎么样，史书上的这个晋惠帝还真是有些傻，当然可能是装傻。不装傻行吗？又没有他老爹那几把刷子，家里和朝廷都是一帮虎视眈眈的人，政出于下，而不出于上，他就一摆设，不装傻，可能饭都没得吃。不过他傻乎乎的言行也让他

晋惠帝司马衷

出了大名。比如，有一年天下闹饥荒，老百姓饿死了许多。司马兄知道了，说，喔，没有饭吃，那为什么不吃肉啊？后来人们读到这里的时候，都认为司马衷傻透了，这句话很荒唐，很不靠谱。

是的，能讲出这种话的人，不管是装的还是真的，的确太犯傻。奇怪的是，一千多年以后，有些人用不同的术语讲相同的话，却都变成了

大师，那些傻话变成了大师级的语言，而且是"新古典"的大师。

为什么这样讲呢？让我们一起来分析分析司马衷这句话的经济学含义。首先，司马衷假定富人和穷人有选择吃肉还是吃饭的这个抽象的自由权利。其次，他认为自由的实现是不需要物质基础的。所以，他才冒出了下面这句傻话：你既然有选择吃肉的自由权利，不管你是穷人还是富人，没有饭吃的时候，为什么不吃肉啊？这个傻子逻辑就成了个历史笑话：及天下荒乱，百姓饿死，帝曰："何不食肉糜？"总结一下，晋惠帝的逻辑是什么呢？他认为抽象的自由和具体的自由是同一回事；形式的自由和事实的自由是同一回事，实现自由是不需要物质条件和物质基础的。所以，他才会说，当你没有饭吃的时候，为什么不吃肉啊？因为你和富人一样有吃肉的自由啊？这就是他的逻辑。

这个逻辑，我们是不是很眼熟呀？许多经济学家说，市场是能自动均衡的，工资能调节劳动力的供给，使劳动力供求达到均衡。比如，他们说，有这样一个劳动力供求曲线，工资（价格）高，供给就多，工资（价格）低，供给就少。为什么供给少呢？因为工资太低，劳动者就不会选择就业而会选择闲暇。这样劳动力的供给就减少了。这是经济学术语，翻译成白话，就是下面这样：许多经济学大师对那些食不果腹的穷人说，你在市场上是自由的，你觉得工资低，你可以选择不工作而享受你的闲暇呀，这是你的自由权利。这种劳动力供给理论，同"没饭吃，为什么不吃肉"，是不是有同工异曲之妙？！大家都知道，对绝大多数中下层而言，工资低就选择闲暇这种自由是不存在的。

新古典经济学的基本逻辑和晋惠帝一模一样。所以，晋惠帝也许真不傻，而是超前。放在今天，没准是一个声名远播的新古典大师呢！如果司马衷真如史书上写的那么傻，估计新古典也就不太聪明；如果新古典很高明，那么司马衷就是天才，毕竟人家比新古典早了一千多年，就发现了新古典的逻辑定律！不止新古典，整个"普世价值"的逻辑都同司马衷的逻辑一样——他们只关心抽象的自由。

新古典经济学认为，在自由放任的市场经济里，每个人都享有抽象的经济自由的权利。它认为既然你享有这种抽象的自由权利，也就享有自由的事实。所以，在自由放任的、"公平"的市场经济里，每个人都是自由的。显然，这些人比林肯差多了。本章开篇我们引用了林肯的话。他在这句话里说，在狼和羊之间没有什么抽象的自由。而新古典经济学则认为，狼和羊有相同的抽象的自由。

经济自由是一种经济选择，选择的实现是需要经济资源的，选择是建立在经济资源的配置上的。在不公平的现实生活中，每人占有的经济资源是不一样的，经济自由的程度是同财富的多寡相关的。为了说明这个问题，举一个简单的例子。作为消费者，你在市场上有满足自己需要的自由。但是，你这个自由只有同支付能力结合，才能变成有效需求，才是有效的自由，你才能获得真正的消费自由。在消费领域是这样，在其他领域也是如此。在这里，我们要提出一个"有效自由"的概念，就是人们常说的"具体的自由"。同有效需求一样，有效自由需要支付能力。每个人的所谓经济自由，是一个以财富为半径的圆。财富越多圆圈就越大，就越自由。反之，财富极少的人几乎就没有自由。大家说一个亿万富翁和一个只拥有自己劳动力的下层人士，他们是不是一样自由？如果我告诉你，他们享有相等的经济自由，那你得警惕，我可能就和那位晋惠帝一样傻。

所以，对大多数人而言，公平是自由的基础；没有公平，就没有自由。

事实公平是大多数人自由的基础，我们已经指出，市场经济自身是无法实现公平的。所以，为了实现公平，实现大多数人的自由，政府必须通过多种干预，纠正市场经济的缺失，实现社会公平。但是，有些人反对这种干预，他们认为政府的干预会导致社会自由的下降。

这是我们同他们的另一个争论。我们认为公平是自由的前提；他们认为不公平才是自由的基础。时下许多经济学人有一个基本的论点，那就是将自由同不公平联系在一起。整个微观经济学就是在解释，经济如何从不公平（要素的占有）开始，实现所谓的均衡，达到新一轮的不公平（要素的分配）。他们认为，公平是同自由冲突的。比如有人认为，如果政府介入解决不公平问题，就是限制了自由；有人认为，私有化是实现个人自由的唯一途径；有人认为，彻底地按要素分配是实现个人解放的唯一途径；有人认为，实施彻底的放任自流的市场经济是经济自由的唯一途径。

我们已经指出，这些主张会导致进一步的贫富悬殊和不公平，进一步压缩和限制中下层的经济自由（或有效的经济自由）。所以，这些主张虽然打着自由和个人解放的旗号，但最终结果却是大多数人更加不自由。

哪条路是通往奴役之路？

经济自由是最基本的自由。**在贫富悬殊的社会里，无论这个社会**

表面的政治程序如何,**富人总是要利用手中的经济资源来干预政治程序和决策程序。没有公平就没有真正的自由。**世界范围内的不公平和分配不公,极大地限制了中下层的经济自由。**这种不公平,是市场经济每天的产物。所以,自发的市场无法带给社会公平,无法实现大多数人真正的经济自由。**

我们时代关于追求经济自由的主题,就是通过政府干预实现公平。实现了公平,就实现了大多数人的经济自由,而经济自由是创造财富的基本前提。这就是我们前面提到的第 N 维竞争。

罗斯福是以政府干预来缓和贫富悬殊的。新古典经济学批评政府干预限制了自由。许多新古典经济学的大师们,在批评政府干预方面是不遗余力的,其中最有名的就是奥地利学派的哈耶克和后来的弗里德曼。这种批判后来就演变成新自由主义。他们的批评集中在一点,即政府干预会导致不自由,导致效益低下。

这种新古典主义的观点,在中国经济学界影响很大。许多人把政府干预同经济自由对立起来,同市场对立起来。

西方不少保守主义经济学家曾经都是大明星,闪耀在漆黑的夜空中。而有些保守主义政治家,则是狂热的追星族,狂热劲头甚于如今的"90 后"。1975 年,刚刚成为保守党领袖的撒切尔夫人,马上在伦敦会晤了哈耶克。同年夏天,她造访了保守党的研究部门。在访问过程中,该部门安排她参加了一个会议。在这个会议上,会议发言者滔滔不绝,努力论证不极左不极右的中间道路才是保守党唯一可行的道

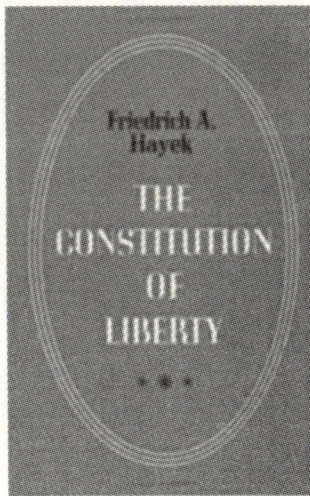

Friedrich A. Hayek

THE
CONSTITUTION
OF
LIBERTY
* * *

哈耶克:《自由宪章》

路。撒切尔夫人终于按捺不住了，在发言者尚未结束自己的发言时，她将一部厚重的书重重地摔在桌子上，断然而严厉地说"这——就是我们的信仰！"这本书名为《自由宪章》（the Constitution of Liberty），作者就是哈耶克。撒切尔夫人和她的追随者们选择了一条极右的星光大道，一走就是几十年，走进了危机。

如今铅华洗尽，星光黯然。

尽管有人冷饭热炒，但，时也，势也，红颜不再。

在经济学圈外，哈耶克作为经济学家，远不如作为政治哲学家出名。作为经济学家的哈耶克最广为人知的观点却是政治学的：任何形式的政府干预都会导致个人自由的丧失，是通往奴役之路。他那本广为流传的书——《通往奴役之路》，虽然批评了苏联，但主要是批评二战后西欧的社会民主道路。他认为，大萧条以后西方推行的那种加强政府干预、推广社会福利的做法，是通往奴役之路。

这依然是当今某些人持有的观点，只不过用经济学术语包装起来了。

提倡个人自由的哈耶克强烈反对"社会公平"。他将市场同赌博类比。他认为，要判断赌博结果是否公平毫无意义。赌场信奉的就是愿赌服输，讲什么公平？也许哈耶克真把市场经济当成了一个大赌场，他提倡的自由，大概就是赌场里的自由。

但是，如果有人认为这种自由主义的政治哲学和经济思想等同于普遍的"自由民主"，那就错了，如果认为是"普世价值"那就更搞笑了。我们举一个例子。同弗里德曼一样，哈耶克访问过军事独裁下的智利。当有记者询问他关于当时智利的非民主统治时，他这样回答："从个人角度出发，我喜欢自由的独裁政府，甚于缺乏自由主义精神的民主政府"。他还在《伦敦时报》上撰文表示，他"无法在智利发现哪怕一个人，这个人会认为皮诺切特（独裁）下个人自由会少于阿连德时期的个人自由"。而事实上，皮诺切特为巩固自己的统治，杀害了成千上万的左翼人士，导致更多的人被监禁或失踪。显然，在精英阶层自由的独裁统治和草根广泛参与的民主政体之间，哈耶克等人更倾向于前者。**其实，这是许多新自由主义保守派的共性。在资本的自由和中下层的尊严之间，他们毫无例外地选择了前者；在资本的私欲和中下层的生命价值之间，他们亦毫无例外地选择了前者。**

> 非常有趣的是，哈耶克一方面反对政府对广大中下阶层提供社会保障和福利，一方面，却因为芝加哥大学不提供退休金而辞去教职，转而到德国一所提供退休金的大学任教。换句话说，哈耶克千方百计将中下层放进他的不公平的社会模型里，而自己却绞尽脑汁地逃出来。他似乎要逃离他所提倡的自由。

当今许多人将政府干预同市场经济对立起来，认为政府干预限制了经济自由，认为政府对收入的调节和对财富的再分配是对个人自由不可饶恕的侵犯。政府实施财富再分配的方式，主要是向富人多收税，为穷人提供基本保障。由此可见这种所谓"自由"的社会属性。

你可以想象一下，在纯粹自由放任的市场经济模型里，没有政府干预，没有社会保障，没有财富的再分配，没有遗产税。在市场力量的作用下，这个社会必然走到这样一个极端：社会财富最终全部集中到极少数人手中。这些人可以利用自己的巨大财富来操控政治、经济、法律、新闻，甚至意识形态，垄断几乎所有的社会资源。在这个不公平的社会里，广大的中下层人民也许可以依然享有法律上的、写在纸上的个人自由，但缺乏事实上的自由。这个社会的最后结果是什么？从单纯的经济角度讲，不受限制地积累财富，不受限制地积累资本，不受限制地制造相对贫穷，必然导致中下层由于经济上的贫困而处于不自由的现实。这种建立在大多数人不自由基础上的少数人的自由，是一种不对称的自由。这种不公平的个人自由的实质，是少数人享有极大的甚至绝对的经济自由，大多数人陷入不自由。这其实是少数垄断社会财富的人对大多数人的专制。**同任何专制一样，当大多数人陷入不自由的时候，没有人可能享有自由，包括专制者本身。**中国历史的周期律，传递的就是这个信息。

这个社会模型其实是一个由市场力量自然导致的、两极分化、贫富悬殊的社会。许多人提倡的不公平的自由市场经济，是同公平正义对立的。同公平对立，是资本主义的实质，是资本基础上的所有自由放任的市场经济的实质。

"让落水者沉入大海的自由"你要吗？

除了政府和市场的关系外，新自由主义同凯恩斯、罗斯福，包括同苏联经济学的另一个主要差别就是对就业的态度。凯恩斯主义和苏联经济学认为，推动和保障充分就业是政府经济政策的中心目标之一。然而，新自由主义却将企业利润无条件地置于就业之上。为了提高所谓经济效益，他们不惜让成千上万人失去工作。当成千上万的人失去工作，失去医疗保险，失去受公平教育的机会，大学毕业后找不到工作时，所谓个人自由，已经没有什么实质的内涵。一个失去工作，失去医疗保险，没有政府保障的中下层人士，有就医和不就医的选择自由，有买房和做蚁族的选择自由，有奢侈和饥饿间的选择自由。然而这种纸面上的权利自由，掩盖不了事实上的不自由。在这种情况下，大多数劳动者其实只有选择贫困的自由。

在这里，我们必须指出一点。我们赞同市场经济。中国需要利用市场经济发展自己，建立社会主义的市场经济。我们同自由放任市场经济者有分歧但也有共同点。共同点在于，我们都认为自由放任的市场经济必然是不公平的；分歧点在于，他们认为这种不公平是正常的，我们认为这种不公平必须调整。

我们与某些经济学人看法的分歧不是自由本身。我们不能同意的是，他们将导致大多数人不自由的经济制度当成自由制度本身，将少数人的自由当成自由本身的伪装。所有新自由主义者的自由都是有属性的，有归宿的，是一部分特定的人的自由。他们宁愿支持自由主义的独裁，而不愿支持集体主义下的民主。自由主义经济学家们的这种自愿选择的极端和偏执，被他们的后继者以不断放大的方式延续。新自由主义不仅漠视自由，而且同专制一脉相承。新自由主义经济学家主导的语言环境里面，那种缺乏宽容、缺乏多元、缺乏人文关怀的风气本身就诠释了他们信仰中的专制要素。让我们仔细看看，这种原汁原味的资本主义提倡的是一种什么自由？是谁的自由？他们口中的自由有没有利益偏好？

（1）保障最低工资导致不自由；

（2）为中下层建立起码的社会保障导致不自由；

（3）确保工会集体谈判的权利和力量导致不自由；

（4）政府为社会每个成员提供公共产品（如教育、医疗等）导致不自由；

（5）政府对极端富有的阶层提高累进税率导致不自由；

（6）加强政府监督，限制资本盲目的利润动机，防止和惩罚欺诈，确保工人安全等导致不自由。

这就是他们反对大政府的原因，这就是他们所谓的"通往奴役之路"，这就是他们追求的自由。对大多数人而言，这是不是一条真正的通往奴役之路？

他们还把这些包装成"普世价值"。那些相信"普世价值"的人们，与其变成其追星一族，不如脚踏实地，认真做好那些能确保大多数人自由的事情。

市场经济成功的关键，是保护失败者和弱者。我们相信人生而平等的理想。但是，就社会经济地位和机会的现状而言，人是生而不平等的。有的富有，有的贫穷；有的机遇好，有的机遇差；有的成功，有的失败。正因为我们提倡人生而平等的理想，我们才提倡通过政府矫正市场的偏差，尽可能消除那些事实上的不平等，尽可能实现绝大多数人事实上的自由。

一个不能通过政府干预为那些弱者改变自己的现状提供条件的社会，一个不能保护竞争中的失败者的社会，就相当于一艘在汪洋中航行的船，既不采取任何措施保护自己的水手免于落水，也不去打捞那些已经落水的人们。**这种让弱者落入大海的自由，让落水者沉入大海的自由，是一种"见死不救"的自由。这就是放任自由的资本主义的核心价值，是自由放任的市场经济的核心价值。**

这种自由其实就是少数对多数的蔑视。新自由主义的大佬们，同拉美有些军事独裁统治者，踏着相同的信仰旋律，跳着配合默契的政治探戈，其深层的价值选择大约就在这里。但是，没有公平就没有多数人的自由；而没有多数人的自由，就没有那些少数人的自由。这是历史反复证明了的逻辑。

许多中国人都知道法国有一个拉雪兹神父公墓，里面有巴黎公社社员墙。躺在里面的还有一位在中国不怎么出名，但是在世界上却大名鼎鼎的英国剧作家——王尔德。王先生当过妇女杂志主编，一生追求唯美，在他的眼里，美是第一的也是唯一的，性、生命、地位和道德都不重要。这一点上，他同那些认为少数人自由是第一的也是唯一的，而公正、道德、价值、事实上的平等都不重要的经济学人们，有一点相似。不过，王主编说过一句话，值得许多人深思。这句话大意是：**世界上有两种悲剧——一种是得不到你想要的东西，一种是得到，而后者是更大的悲剧。**这句话值得反复咀嚼。当某些少数人心想事成，将一切财富都抢到自己囊中时，社会完全被撕裂，中下层别无选择，那个时刻，就是少数人失去一切的悲剧开始的时候了。

实现个人自由，需要起码的物质条件。没有起码的事实公平，就没有起码的事实自由；失去基本的事实公平，就失去了基本的事实自由。**公平是自由的精神。所有热爱自由的人们一定要热爱公平；所有捍卫自由的人们一定要捍卫社会的公平，甚至要像追求自己的自由一样来追求社会的公平。**在市场经济里，在政府、市场和资本这三者之间，市场和资本都不可能是实现事实公平的力量，只有政府才有可能成为实现事实公平的主要力量，才可能保障每个社会成员基本的事实公平。

政府的有效干预是实现事实公平的必要条件。

第八章
没有公平何谈民主？

　　政商间的这种双向流动，就是美国政治中著名的"旋转门"（revolving door）现象。游说集团庞大的权力网络及其豪华奢侈程度，绝不是那些八面玲珑又谨小慎微的驻京办主任可比的。

■ 诸葛亮在东吴舌战群儒，留下千古佳话。但是，他两袖清风的自负和羽扇纶巾的风流倜傥，换了在美国，则可能要变成一筹莫展的笑话。字字珠玑的高论，哪里敌得过动辄花费数十亿美元的游说阵营？

■ 许多人反复问我，美国为什么金融自由化这么严重？为什么金融监管和金融立法这么艰难？为什么近年来每次中美对话中，中国金融开放都要成为话题？从表中可以看到，这个行业花费了高达 40 多亿美元的游说费用，拔了头筹。

■ 洛克对选举权和被选举权的财产要求，后来被独立后的美国吸收了；而该宪法中明文规定的金钱对政治程序的控制，则在实质上被保留到了今天。

权贵资本主义

现在许多人在批评权贵资本主义。

其实，按照奠定了西方政治发展基础的孟德斯鸠的逻辑，西式民主从一开始就是权贵资本主义。孟德斯鸠认为，真正的民主必须建立在财富相对平等的基础上。

少年时读过孟德斯鸠《论法的精神》，不得要领。最近重读，发现其中不乏许多灼见。他在该书中指出，平等是民主的基本精神。他说，"热爱民主就是热爱平等"，"热爱民主政治就是热爱简朴"。同有些人只关注权利平等不一样，孟德斯鸠在这里谈论的平等主要是事实上的平等。他在《论法的精神》第五章中，列举了欧洲历史上的所谓共和政体限制财富集中的例子，包括平分土地（如古罗马）、限制遗产继承、限

孟德斯鸠

制财产的转赠等等。总之，他间接地指出，限制私有财产的集中是实现平等的手段，进而是实现民主的手段。他认识到，在私有制下要实现事实上的公平是一种空想，所以他变通地说道：

> 尽管在民主政治之下，真正的平等是国家灵魂所在，然而，要建立真正的平等并非易事。因此绝对的平等不一定总是合适的。建立一个人口分级制就可以了。这个体制可以从某种程度上减少或限制生活水平的差异，随后用特别法征收富人的税收，从

167

而减轻穷人的负担，达到消除不平等的目的。

他在书中还讨论了其他许多为了实现某种程度的平等而进行的政府干预方式。

某种程度上财富上的平等，是民主政治的基础。

按孟德斯鸠的逻辑，没有平等的基础就没有民主，实现平等是实现民主的前提。所以，均贫富、抑豪强是推动民主的基本前提。然而，当今西式民主，哪一个不是建立在财富高度集中、不平等基础上的？依照孟德斯鸠的逻辑，这种缺乏平等基础的上层建筑不是民主。

民主政治必须建立在"患不均"的基础上。法国的孟德斯鸠和几千年以前中国的孔子与孟子，不谋而合。

孔子说"不患寡而患不均"，孟子说"民为贵，社稷次之，君为轻"。孟子的"民"不是指少数富有阶层，而是指大多数的普通人。如果大多数人被贫困化、边缘化，那肯定不是"民为贵"。比如在《孟子·梁惠王上》中，他反复批评贫富悬殊。所谓"民为贵"说到底就是公平正义。《孟子》里有许多民主思想，而这些民主思想都是建立在事实公平之上的。

基于上述原因，建立在财富集中基础上的西式建筑，实在不能称为民主的殿堂。这个西式建筑如何称谓？按时下话说，应当叫权贵资本主义。

就民主政治发展而言，中国 1949 年以后建立的体制，其深刻的平等内涵是实现中国式民主的基础。如果中国能够在事实平等基础上完善一种参与民主，那将是对人类的巨大贡献。

孟德斯鸠、孔子和孟子的观点有没有道理？为什么贫富悬殊、财富高度集中基础上不可能建立真正的民主？在财富集中的基础上，社会物质资源大都掌握在少数人手中。富有阶层有一种利益冲动,要利用手中的资源控制政府和其他社会经济机构,包括新闻媒体等等。而建立在贫富差距或私有制基础上的"民主政治",为富有阶层的这个动机提供了现实的渠道。美国加州大学圣克鲁兹分校社会学系有一位教师威廉·多姆霍夫(William Domhoff),于 1967 年出版了《谁统治美国?》一书,并不断修订再版,该书现已出了六版。在书中,他问读者:谁在美国拥有压倒一切的权力?谁统治美国?他没有从三权分立、言论自由这些表象出发,而用历史和实证的事实说话。他的结论是:富有阶层统治美国。他认为,在西式政治程序里,富有阶层可以利用手中的财富,通过下面这些方式来实现自己的统治:制定游戏规则,提供政治捐款,利用游说集团,收买学者为自己做学术和政策论证,选择和传播信息或新闻,控制经济社会机构等等。

西式民主浓烈的金钱味

> 你可以很容易原谅一个害怕黑暗的孩子,然而,生命中真正的悲剧是人们害怕光明的时刻。
>
> ——古希腊著名哲学家柏拉图

有些推崇"普世价值"的人不是害怕黑暗的孩子,他们是害怕光明的人。因为,实证之光将揭开他们罩在西式权贵资本主义身上的神秘面纱。①

---

① 参见 http://www.squidoo.com/AncientGreekQuotes。

下面我们要用历史的和实证的事实，来检视某些西式游戏的实质。

建立在财富不公平基础上的西式民主，一开始就是富人的游戏和富人的梦想。民主伴着富人经过无数场游戏无数场梦，一路走来，直到今天。如果西方政治是一部汽车的话，那么钱就是汽油。

这个传统可以一直追溯到几千年以前爱琴海畔的古希腊。古希腊是一群城邦国的统称，它们从来没有统一过。其中最强大的是古希腊文明圈里的两个超级大国：雅典和斯巴达，尤其是雅典，被认为是西方民主政治的摇篮。古希腊的民主实际上是少数特权阶层的民主，是奴隶主的民主。只有被称为"公民"的阶层，才享有民主权利。在雅典，只有年满 20 岁的男性土地拥有者享有选举权。他们人数不多，高居其他阶层之上。他们制定游戏规则、制定法律、垄断政治权力和其他所有的公共权力，独享选举权和被选举权。奴隶、外邦人、妇女等被完全排斥在政治过程以外。亚里士多德说，"唯一稳定的国家，是所有人在法律面前一律平等的国家"。显然，亚翁口中的"所有人"是不包括那些奴隶的。古希腊的民主，并没有带来言论的自由。苏格拉底不合时宜的言论，给他带来了死刑的判决。[①]

在罗马共和时期，民主同样是奴隶主的权利。贵族和长老垄断了全部的被选举权。与古希腊不同的是，即使是在所谓的公民之间也有了更加明显的阶级差别，选举权和被选举权都有了明确的阶级、财产、门第的限制。

诞生于 1215 年 6 月 15 日的英国《大宪章》，被认为是现代民主

---

① 参见 http://www.helium.com/items/1329118-athens? page=3 http://www.nytimes.com/2010/01/22/us/politics/22scotus.html。

政治的起源。我们在前面提及，它是由英国贵族和国王在税收上的冲突引起的。最初的《大宪章》叫"Magna Carta"，是用拉丁文写成的。这部宪章限制了英王的权力，保证了"自由人"的权利。而当时的"自由人"就是贵族，不包括农奴。所以，《大宪章》固然具有巨大的进步意义，但是，它依然是贵族的游戏。

美国在独立战争时期，为了联合北美殖民地所有人包括下层人民，起来造大英帝国的反，在《独立宣言》中，关于人的权利没有加入私有财产的限制。独立以后，精英阶层开始另行其事，在宪法里保护私有财产，而选举法则更把财产作为选举和被选举的资格。美国黑人、妇女和下层人民获得选举权是最近几十年才发生的事。

即使在今天，富人政治的这种历史传统的实质，依然可见。

（1）捐款——权钱交易。选举靠的是选票，选票靠的是广告，而广告靠的是钞票。一个政治家要选举，就必须有钱，就必须有能力筹钱。美国两党在提名候选人时，候选人的筹款能力是首要条件。一个两手空空，不拿钱，不会拿钱，拿不到钱的政治家，在美国是没有政治前途的。不信？如果你两手空空，你试试。所以，虽然法律上没有财产规定，实际运作中却有筹款能力这一要求。在这一点上，是一票否决——没钱就没戏。为什么要政治捐款呢？捐款可不是做慈善事业，是需要回报的。当选者必须给予捐款者政策和职位上的酬谢。所以，用中国话说，美国的体制是公开的权钱交易。政治捐款是资本尤其是大资本控制政治的一种基本机制。美国从地方到联邦，各级参选官员作为一个庞大的群体，有一个共同模式：先拿钱（捐款），再谋权，最后用权力酬谢支持者。没有不拿钱的官员，也很难找到不酬谢支持者的官员。**中国也有权钱交易，**

但大概没人否定权钱交易是一种典型的腐败，然而在美国，权钱交易是合法化的。

在美国，有时候选举拼的就是钱。例如 2010 年中期选举，一开始就是一场没有悬念的选举，还没选大家都知道民主党输定了。为什么？共和党在政治捐款上把民主党远远甩掉了。为什么共和党这次会有这么多钱？我们在前面提到过，选前，大约在 2010 年 1 月份，最高法院做出了一项意味深远的裁决：美国最高法院以 5 票对 4 票否决了以前对美国公司政治捐款的限制。美国公司的政治捐款从此可以没有上限，可以尽量把钱口袋打开，搞政治捐款。而且，这项裁决的法律依据是"言论自由"。言下之意，限制了公司政治捐款，就限制了言论自由。这项裁决将改变美国的选举生态和政治生态。高院几位法官在这个问题上的态度，同法官本人的党派倾向一致，泾渭分明。有人以为一纸三权分立和司法独立的文件，就可以解决所有问题。但是人不是生活在真空里，哪有没有政治倾向、没有政策倾向的个体？

总统竞选电视辩论

在实际选举中，钱究竟有多重要？在西方这种政治游戏中，你要打赢一场选战，有一个必要的前提，就是要让选民知道你和你的主张。除了极个别案例，这是一个烧钱的游戏。没有钱，你打不了电视广告，上不了电视，也登不了其他广告。没有钱，你搞不了大型的造势活动，发不了传单。你搞选举，还需要许多人为你服务，必须有竞选团队为你策划，为你做政策研究，为你追踪对手，为你提出对策，为你包装，为你联系选民。没有钱，你想租个竞选办公室都难。在这种政治游戏中，烧钱如同烧纸，一分钱难倒英雄汉。而且，选举往往沦为选广告。大家都知道广告的特点，广告拼的就是钱。市场上畅销的产品，往往不一定是质量最好的产品，但极可能是广告费付得最多的产品。有时候，两个同类产品的竞争，最后沦为了广告的竞争和烧钱的竞争。"政治广告"的道理是同样的。在这场烧钱的游戏中，讲权利平等是没有意义的。富人和穷人，或富人的代理人和穷人的代理人，被选中的概率是极不一样的。富人及其代理人被选中的概率永远高于穷人们。稍稍懂点概率的人都知道，这样的社会在结果上或事实上，都是富人的统治。这就是为什么一般来讲，富人投票率比较高，穷人比较低。因为，后者知道这不是他们的游戏，投票与否没有多大差别。多年以来，有的国家投票率不到50%。所谓多数当选，也就是占投票人总数的25%或强一点。这是事实上的少数统治。在这种金钱控制选举结果的情况下，政府和富豪意见相左的局面，出现的概率其实很低。

而且西方的政治经济结构是："铁打的富豪，流水的政府"。富豪阶层才是稳定的统治者。就算一个政府很牛，敢同富豪较劲，但你再牛，你干完你那两届以后，还得走人。

(2) 游说——权钱交换。前段时间有位朋友向我推荐《驻京办主任》一书，我开玩笑说，就这些年在美国听到的这类故事，我大概可以写一本美国的《驻京办主任》。在美国华盛顿，目前至少有17 000多个游说团体和个人。其中相当大一部分由州和地方政府、大公司、行业协会、律师事务所以及游说团体雇用。类似的游说团体还遍布美国各个层次的政府所在地，像州和地方政府所在地等。每一个这样的个人和团体都受雇于特定的利益集团，代表他们的利益。成为游说集团骨干的往往是前政府官员，甚至包括前选举官员，如议会成员等等，以及其他有大量人脉关系的人士。许多落选的官员被著名的游说公司雇用，领取比在政府里任职高出许多倍的薪水。这些游说公司反过来又向客户收取高额佣金。同时，许多私人部门的人士又被政府吸纳，成为政府官员。**政商间的这种双向流动，就是美国政治中著名的"旋转门"**（revolving door）**现象。游说集团庞大的权力网络及其豪华奢侈程度，绝不是那些八面玲珑又谨小慎微的驻京办主任可比的。**

许多大公司在华盛顿都有自己的办公室，并拨付大量的经费，其主要任务就是结交两党政客，推动符合公司利益的立法或政策，或阻止不符合公司利益的立法或政策。有些大公司实力非常庞大，几乎可以在任何时候见想见的任何人。

游说者两党都押注，被游说者则将一项政策的反对方和支持方通吃，颇有一些"吃了原告吃被告"的味道。

政治游说其实是一种由金钱操控的幕后政治。没有钱、没有关系、没有精力、没有特定专业水平的中下层人民被排除在这种过程之外。游说内容包括立法、政府支出、政府政策等等。就立法而言，立法的优先顺序、具体立法的精神、具体立法的内容等，都可能在这种幕后决定。

游说固然需要说，但是它拼的不只是你的口才，主要是你口袋里的真金白银。**诸葛亮在东吴舌战群儒，留下千古佳话。但是，他两袖清风的自负和羽扇纶巾的风流倜傥，换了在美国，则可能要变成一筹莫展的笑话。字字珠玑的高论，哪里敌得过动辄花费数十亿美元的游说阵营？**

下面这个表列出了美国"公开的秘密网站"公布的1998—2010

年间 13 个行业的游说花费。① 其中 12 个行业的游说花费占总游说花费的 97％以上，而有关劳工的游说花费，还不到 2％。

表 8—1　　　　　　　　　　　美国不同行业游说花费　　　　　　　　　单位：美元

行业	游说花费	占比
金融、保险和不动产（Finance, Insurance & Real Estate）	4 274 060 331	14.53％
医疗保健（Health）	4 222 427 808	14.53％
各类工商（Misc Business）	4 149 842 571	14.11％
通信和电子（Communications & Electronics）	3 497 881 399	11.89％
能源和自然资源（Energy & Natural Resources）	3 104 104 518	10.55％
交通（Transportation）	2 245 118 222	7.63％
其他（Other）	2 207 772 363	7.50％
意识形态/单一问题（Ideological/Single-Issue）	1 477 294 241	5.02％
农业综合（Agribusiness）	1 280 824 983	4.12％
防务（Defense）	1 216 469 173	4.13％
建筑（Construction）	480 363 108	1.63％
劳工（Labor）	427 355 408	1.45％
法律和游说（Lawyers & Lobbyists）	336 170 306	1.14％

许多人反复问我，美国为什么金融自由化这么严重？为什么金融监管和金融立法这么艰难？为什么近年来每次中美对话中，中国金融开放都要成为话题？从表中可以看到，这个行业花费了高达 40 多亿美元的游说费用，拔了头筹。

美国有些政治学家认为，政府机构建立起来的目的是为了公众利益，提供公共产品。但是，政治游说在某种程度上改变了这一性质，公共机构因此成了某些特殊利益集团的代表，政策和立法的结果就偏向那些特殊利益了。中国传统文化中这叫做"公器私用"，西方的政

---

① 参见 http：//www.opensecrets.org/lobby/top.php? indexType＝c。

治学中这种现象叫"Political Capture"，中译可谓"政治攫取"，即少数利益集团控制公共机构。

在这种游说政治下，那些缺乏金钱和人脉关系的、没有组织起来的广大选民，事实上被排斥在这种决策游戏之外。

而且，这种游说在美国是受到法律保护的，是法治的一部分。美国大规模的游说开始于南北战争以后的重建时期，大约是1869—1877年。在随后的"进步时代"（Progressive Era），改革者批评它是一种政治腐败。1953年，美国国会通过了一项决议，授权一个委员会调查那些企图影响、鼓励、推动或延迟立法的游说活动。但最高法院的最后裁决却将这项调查限制在非常窄的定义内，其依据还是和言论自由相关的"请愿权"（the right of petition）。

（3）贫富悬殊和学术政策研究。在西方，富有阶层还兴办许多基金会，支持许多有利于自己利益的学术研究和政策研究。左右一个社会的意识形态是控制社会最有效的途径。

看来，孟德斯鸠讲得不错，没有平等没有公正就没有民主。

所以，我们是不是可以这样看：在贫富悬殊的情况下，有人要引入钱权交易的西式民主体制，玩这个游戏，是不是就是为了实现金钱对政治程序或政府的控制？

洛克的"行"如何背叛他的"言"

有人认为，不公平才是民主的基础；有人声称，为了推动民主，必须推动不公平。

这种看法是有历史原因的。文艺复兴以后，西方贵族向国王争取的民主的确是建立在不公平基础上的。我们前面提到的英国的《大宪章》就是一个明显的例子，它争取和建立的都是贵族的民主。由于迄今为止许多被称为民主的体系主要是建立在不公平基础上的，所以，许多人就认为民主只能建立在不公平的基础上，建立在私有制的基础上。产生这种认识有两种原因：一种是认知的局限，在黑天鹅没有出现以前，人们普遍认为天鹅一定是白的。另一种是害怕真相，有些害怕光明的人，闭上眼睛来摸民主这头大象，只摸到了大象的肚子，就声称民主是一面墙。建立在金钱基础上的民主的确是一堵墙，不过这堵墙是用钱筑就的，墙里面的享有民主，墙外面的观看民主。

现在，我们要以一个例子来看看这种建立在不公平上的民主在理论上是如何走向不民主的；它的"行"是如何背叛它的"言"的。

大家一定知道文艺复兴时期英国的一位叫洛克的思想家。他是一位伟大的思想家，对西方文艺复兴以来的思想有多方面的影响，是现代代议制理论的奠基者之一。许多人将现代代议制理论追溯到他那里。正是由于这个原因，在许多宣称"普世价值"的人的眼中，他成了"洛神"。不过，如果我们把当今许多人喜欢用的"还原历史"的方法用在洛克先生身上，我们会发现洛克先生的思想和政治实践也是非常复杂和矛盾的，甚至包含许多非常封建的东西。揭示这些东西，有利于我们全面了解洛克政治哲学的真实含义和

约翰·洛克

177

服务对象。

私有产权是洛克政治哲学的核心。在洛克看来，政府以及现代代议民主制度产生的原因和目的就是保护私有财产。这就是为什么提倡洛克政治模式的人都热衷于私有化进程，将私有化当成一种政治进程来推动。读者显然已经看到，如果民主是财产所有者的权利，那么没有财产或只有极少财产的大多数人自然会被排斥在民主政治以外。如果不信，让我们看看洛克根据他的政治理念构建的宪政模式。

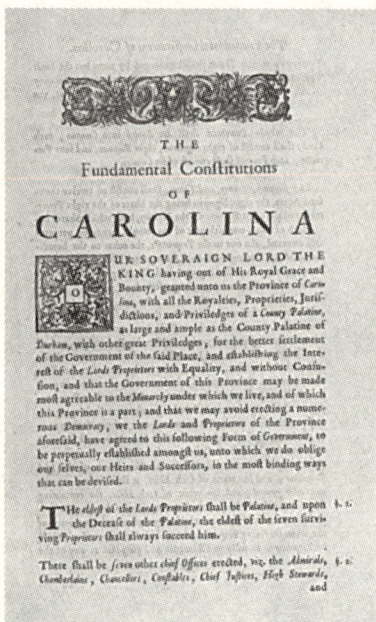

《卡罗来纳基本宪法》

洛克一生著作等身，《卡罗来纳基本宪法》（The Fundamental Constitutions of Carolina）是其最重要的著作之一。这是洛克为大约位于当今美国的弗吉尼亚和佛罗里达之间的那块大英帝国的殖民地所起草的宪法。这部宪法从宪政体制的具体构建上，充分而全面地反映了洛克自由主义政治哲学的实质。

如果说洛克洋洋洒洒的政治哲学是"言"的话，这部具体的宪法就是他的"行"。这部宪法是自由主义和封建主义的混合体。

代议制民主理论的大师，为这块土地构建了一个什么样的民主宪政呢？

当然，自由主义者洛克在这里是提倡代议制民主的。他说，只要你拥有至少0.2平方公里的土地，你就享有投票权；只要你拥有至少2平方公里土地，你就有被选入立法机构的权利；如果你没有达到上述两项财产要求，还想拥有选举权和被选举权，没门儿。这部宪法还规定选举实施秘密投票，就是有钱人在一起像秘密帮会一样进行选举。这些还是这部宪法自由主义的、民主的一面。至于这些"普世价值"对普通人而言，究竟有多少"自由民主"，则需要读者自己去评判；而它所构建的宪政民主，是不是与中下层的利益相对立，则需要读者站在中下层的角度去体验。

在这部宪法里，洛克对封建主义似乎没有一刀两断的决心。这部宪法所构建的"现代民主社会"，是一个由贵族和土地拥有者控制的"有序的"社会，这个社会将最终由英格兰的贵族所有者（lords proprietor）控制。而控制这个社会的将是两大贵族阶级：一个是拥有至少192平方公里土地的伯爵（landgrave）阶级，另一个是拥有至少97平方公里土地的领主（cacique）阶级。不仅如此，这个宪法所构想的社会将保存欧洲传统的农奴体制和美洲的黑奴体制。从这个角度讲，这将是一个把当时欧洲最黑暗的东西和当时北美殖民地最黑暗的东西糅合在一起的社会。

这部宪法鲜明的阶级烙印，导致了不同阶级的不同反应。由于宪法代表了他们的利益，1669年3月，大英帝国北美卡罗来纳的8名贵族采用了这部宪法；由于宪法损害了他们的利益，这部宪法遭到了这个地区大多数普通移民的反对。到了18世纪，这部宪法大部分作废。不过，**洛克对选举权和被选举权的财产要求，后来被独立后的美国吸收了；而该宪法中明文规定的金钱对政治程序的控制，则在实质上被保留到了今天。**

这种宪政民主将大贵族、大土地拥有者、大富豪对政治程序的全面控制体制化。如果成功，将打造出最彻底的"权贵资本主义"。而这个权贵资本主义的核心和基础就是财富和土地的高度集中。所以，这实在是一部为大贵族和大土地所有者量身打造统治方式的宪法。民主的"行"终于背叛了民主的"言"。

为什么标榜自由主义的洛克在践行自己的"言"时背叛了自己，变成了封建主义的地主呢？

我想有两个原因。第一，所谓的西方民主从一开始就是富有阶层或特权阶层的特权，洛克也没有走出历史的局限。所以，问题不在洛克，而在于那些把他的思想"普世化"了的人们。第二，这是这种思想的逻辑归宿。如前所述，建立在不公正基础和私有制基础上的"代议制民主"让私有财产介入政治程序，必然导致富有者的统治。无论有多少人在这个统治的形式上烙了多少"普世价值"和"自由民主"的疤，它也是疤痕累累的封建主义。

不过洛克还是挺可爱的。在这部宪法里，他既然要让他的政治哲学成为富有阶级的侍婢，就没有想到要给它们立个牌坊；洛克利用民主宪政为富有阶级服务的目的，表达得如此直截了当，完全没有某些人的那种遮遮掩掩。

这部宪法是洛克对自己政治哲学最全面和最彻底的注解，是对其民主宪政思想最具体和最直观的诠释。你想了解洛克政治思想的具体含义，你就绕不开它；你想知道建立在不公正基础上的民主的真实含义，你也绕不开它。

现代市场营销有一个非常功利的技巧。在推销某种金融产品和服务的宣传单上，该产品的好处和优点用普通字体甚至大号字体印刷，而该产品可能的风险，或者对消费者的种种限制则用最小号的字体印刷。结果，消费者往往注意了大号字体而忽视了小号字体，最后"上当受骗"。这种市场伎俩，也被许多在中国推销洛克思想的人套用了。洛克的民主宪政思想被套用了大号字体，而这部诠释其民主宪政的《卡罗来纳基本宪法》则用了最小号的字体，甚至干脆忽略不计，从而达到误导广大民众的目的。

我们在这里还看到了自称"自由主义"的政治哲学家和经济学家的一个共同传统。当他们在自己创造的抽象语言环境里游戏时，他们都挂着一副悲天悯人的面具，似乎关注每一个人的自由；但是当他们走进现实生活的利益关系中时，他们毫无例外地站到了大多数中下层人民的对立面。几百年前的洛克是这样，当今的那些新自由主义经济学大师们也是这样。不信，你扳着指头数一数，哪一个追随"新古典"的经济学家的政策建议，不是以牺牲中下层人民的利益为前提的？

这是题外话。

许多人口中的民主宪政是建立在财富高度集中和不公平基础上的。财富的高度集中和不公平是所谓民主宪政的基石。根据这种思想，我们可不可以这样演绎：私有化彻底实现之日，将是少数人统治多数人开始之时。这大概就是有些人想在中国实施彻底的私有化的政治背景。目前中国的贫富悬殊现象相当严重，在这个背景下，有些人还提出了"上层建筑要反映经济基础"的建议。这句话翻译成白话就是：政治结构要反映财产高度集中的现实。这大概才是实质。

我们不同意洛克的思想，但是要我们肯定洛克"言"和"行"的实证性，即，建立在不公正基础上的代议制民主，是由财产控制的，是以保护这些高度集中的财富为目的的，是少数人的政治游戏。不公平的民主必然是少数人的民主，这是这种民主的逻辑结果。

私有产权控制政治程序必然导致"货真价实"的少数人的民主。这是某些人的思想逻辑，也是许多人的思想归宿。

我们当代中国人，要记取这种教训。

亚当·斯密调和道德和市场经济的努力失败了，所以我们后来者在市场经济中要更加注意道德关怀；约翰·洛克调和民主和私有产权的努力也失败了，所以我们后来者在建立民主时要更加注意公平正义和对私有产权的某种抑制。

别说公有制就不民主

> 劳动先于，而且独立于资本，资本只是劳动的果实。且如果不是劳动先于资本而存在的话，资本不可能存在。劳动优越于资本，因而值得更高层次的关注。[①]
>
> ——林肯

这句话，不是出自某个社会主义者之口，而是出自林肯之口。

在许多学者口中，资本必须优越于劳动，资本的收益、资本的权利高于劳动者的权利。他们千方百计剥夺劳动者对资本的控制，他们认为，只有私有化才能有民主。

那么，公有制同民主能不能相容呢？

那种认为国有企业必然效益低下的论调，已经站不住脚。从提高

---

① 原文为：Labor is prior to, and independent of, capital. Capital is only the fruit of labor, and could never have existed if labor had not first existed. Labor is the superior of capital, and deserves much the higher consideration。

效益的角度废除公有制已经没有实证的基础。但是,有些人基于洛克的观点,认为私有制是民主的基础。那么,公有制同民主应当是一种什么样的关系呢?

有一种看法认为,公有制同民主不能兼容,他们认为公有制必然要开民主和法制的倒车,似乎私有制同民主和法制必然相连。其实,在人类历史上,即使按西方启蒙主义者的看法,在现代代议制出现以前的私有制时期,也是不民主的。如果从历史长河中来看,私有制的大部分历史是不民主的。

美国40%以上的土地归政府所有,美国各级政府办有许多学校,拥有许多其他机构和财产,美国的邮局和宇航局是政府机构,美国政府办有许多社区医院和养老院等等。我们想指出的是,有些人追求的那种绝对私有化,即使在美国也是不存在的。

其实,公有制和民主是兼容的。从理论上来说,公有制可以是多数人民主的基础。

比如国有企业,是全社会所有劳动者劳动创造的产物。保障其不受侵犯是每个社会成员不可以分割的人权的一部分。而公共财产不受侵犯的根本标志是,公有财产全部被用来追求每个社会成员的自由、福利和幸福。这一点,只有在所有社会成员都能平等参与管理的条件下才能实现。所以,参与公共财产的管理和监督是每个社会成员的天然权利。在公共财产被政府管理,即实施国有制的情况下,直接或间接参与和监督政府管理,就成了社会成员与生俱来的权利。

而且在公共财产面前,每个社会成员都是平等的,不管其私有财产的多寡,都享有平等地管理公共财产或政府的权利,都享有自由表达自己愿望的权利。

公有制的精神是平等的、自由的、民主的。建立在公有制基础上的政治程序，必须是大多数人的民主，必须是直接参与的民主。

只要有国有企业存在，即使在多种经济成分并存的情况下，每个社会成员依然享有平等的民主权利。

我们必须指出，在这一点上，过去做得不好，有些方面很不好。做得不好，就应当改革。公有制改革的目的，不是要私有化，而是如何让所有社会成员能在平等、自由的基础上，参与国家事务的管理，参与公有财产的管理，让国有财产为全社会及其每个成员服务。这，才是关键。

一个社会必须有财富积累。财富是劳动创造的。公有制和私有化争论的关键是，那些积累起来的由劳动创造的财富，究竟应当属于社会还是属于极少数人。这是一种社会选择。

这种社会选择的核心是：我们将建立一个什么样的社会？我们的目的是建立一个相对公平的社会呢，还是一个不公平的社会？

对于争议颇多的国企，是不是可以换一种思路，看看如何更好地让其为社会价值服务，如何让公民更好地监督和管理它，而不是将其私有化。

第九章
没有公平何谈法治和言论自由?

一代人教室里的哲学将会变成下一代人政府中的哲学。①

——林肯

---

① 原文为：The philosophy of the school room in one generation will be the philosophy of government in the next。

■ 法律是否代表正义，代表大多数人的利益，这又要看谁控制规则的制定，谁控制法律程序的制定，谁控制法律条文的制定。

■ 美国对信息的选择和传播非常注意。在美国，你批评政策是一回事，批评现存制度则是另一回事，而提倡打烂现有制度更是另外一回事。

■ 对美国历史、美国历史上的奠基者和那些有巨大影响的领导者，美国人往往以一种近乎崇拜的态度对孩子们进行灌输，深入浅出，通俗易懂，引人入胜。

法律是手段不是目的

平等是法治的基础

在依法治国方面，中国确实还有一些缺陷，还有很长的路要走。但我们更要明确我们追求依法治国的根本目的。

平等是法治的基础，是法治追求的核心价值之一。几千年以来，"王子犯法与庶民同罪"是中华民族持续不断的追求。

西方从亚里士多德开始就提出，法律面前人人平等。法律面前人人平等是人类社会追求的伟大理想。亚里士多德还认为，法律由正义衍生而来，是判断人间是非曲直的标准。他笔下的正义，是指人们在社会关系中所产生的一种美德。

柏拉图认为，法律是一种社会行为规范，是公道与正义的标志。法律正义是为道德正义服务的。

所以，**法律不过是人类社会用来调整彼此关系，实现公平正义的一种手段。如果把这个手段上升到高于目的的地位，甚至忘记了法治的核心价值观，那就走向了极端。**

法治的关键，在于法律必须代表社会正义。在法律与道德背道而驰，或与社会正义背道而驰的情况下，简单地关注法律程序的公正而忽略法律结果的公正，其实已经大大损害了法律的正义性，损害了法治的基本精神。法律作为上层建筑中最具强制力的有关权利和义务的规范，可以说是分配方式最明显的体现。从这点说，法律本身并不必然是公平的，倒行逆施的"恶法"也可能出现。比如像上面讨论过的，有些国家将权钱交易合法化，在这种法律下，固然可以实现法治，但是它是不是同"普遍的正义"、同社会的道德完全一致呢？

也就是说，法治的关键在于法律是否反映了社会正义或大多数人的利益。

法律是否代表正义，代表大多数人的利益，这又要看谁控制规则的制定，谁控制法律程序的制定，谁控制法律条文的制定。在贫富悬殊的情况下，少数人控制大多数社会财富。如果他们通过对财富的控制来实现对制定社会规则过程的控制，那么所谓法治就可能沦为少数人的游戏。比如，当少数富豪可以通过金钱操纵选票、控制立法机关的时候，法律在大多数情况下是不会同这些富豪们冲突的，至少冲突的概率是很小的。在这种情况下，法律体现他们的利益，虽然不能绝对化，但却是一个高概率的事件。

"程序正义"不能保证诉讼公正

法治的另一个方面是"程序正义"。柏拉图认为，法律的正义与道德正义不完全相同。法律的正义是"程序正义"，道德正义是指通过法律机器的正常运转而获得的后果或判决。

在贫富悬殊的情况下，金钱对诉讼过程的介入非常广泛而深入。在法律程序的过分烦琐化、细节化和条文化的时候，法律服务往往更趋专业化、商品化，这时，真正的法律精神反而可能被忽视，财富的不平等可能会导致法律面前的不平等，"程序正义"很难从根本上保证公平正义。比如，你是否能受到法律的保护，受到多大程度的保护，就看你请什么样的律师了；而请什么样的律师又要看你的钱袋子有多充实。有钱人可以雇用最优秀的律师团队为自己服务，没有钱的人，或一般的中产阶级，则不可能有这种奢侈。在美国，一般来说，穷人在受到刑事指控而无力聘请律师时，法官可为其指定辩护律师，不过，这需要苛刻的个人财务限制，许多中产阶级不能享受这种服务。许多人认为，这种指定的律师提供的是一种免费服务，其实不完全正确。只有当被告洗清最初的指控以后，才是免费的。否则，最后会进入一种支付过程，而被告支付多少，将根据其财产状况、被指控罪行的轻重以及律师的服务程度等来确定。所以，讼诉对中下层是巨大的潜在负担。

在西方社会，一个亿万富翁和一个中产人士，由于财力的差异，在许多情况下，他们面临的法律保护是不一样的，公平公正原则在这里也可能失效。

美国一位著名律师写了一本书，叫《诉那些恶棍》(*Sue The Bastards*)。这本书开宗明义就讲，打官司是投资，你必须考虑投资回报率，考虑成本和收益。特别是民事领域，由于巨大的诉讼成本，即使权利受到侵犯需要法律保护时，鉴于经济能力的限制，许多中下层往往不会主动选择诉诸法律。结果，有钱人可能因此而逃避法律的惩罚。没有起码的公平，就没有真正的法治。

所以，如果贫富悬殊严重，诉讼程序包括法律条文本身都有可能被占据较多资源的人所操纵。如果法律条文的制定过程就失去了公平原则，这时强调其神圣性，就可能违背法治的本意，反而使法律沦为富有阶层的工具。

总之，解决贫富悬殊问题，实现社会公平是建设法治的基本前提。如果没有起码的事实公平，而只关注法律程序的公正，就可能忽略法律结果的公正，反而在根本上偏离法治的精神。

中国的传统和西方不一样。中国的老百姓强调的是事实公正、是结果公正。那种程序上公正、而结果极端不公正的现象，是很难为大多数人心悦诚服的。因此，这为我们国家的法制建设提出了更为艰巨的任务。

现在有人提倡大社会、公民社会，关注培养社会机构。培养社会机构从长远来看，是社会发展的需要。但是在贫富悬殊的情况下，像西方那种体制，富有阶层既然可以通过手中的资源控制政治和法律程序，也可以全面控制社会经济机构。例如，西方许多公司和非营利机构，都是由富有阶层甚至某些家族控制。还有些人为了避税，将大笔财富转移到自己的基金会里，通过控制基金会来控制许多社会事务等等。

政治介入司法是"国际惯例"

有人在强调法律至上的同时，提倡司法的独立。司法独立是必要的。但是，如前所述，在不公正的情况下，司法中立事实上是非常难以实现的。一个国家的法律运作非常复杂，其实际情况很难在书面文件中全面反映出来。简单化和概念化的介绍，很难反映事实的真相。在许多西方国家，比如美国，法官有两类，一类是任命的，一类是选举的。所谓任命当然是政治任命，比如共和党的总统要提名共和党的人，民主党的总统要提名民主党的人。结果，法官的党派构成或法官的党派倾向就决定了法院判决的倾向和结果。以最高法院为例，假如2000年民主党的法官占多数，那么可能最高法院就会裁决戈尔当选，而不是小布什。如果戈尔当选的话，那么小布什给富人的免税法案可能就不会产生。至于选举的法官,那更是政治选举。同一个法官的职位,两党都有提名。谁当选有时候对党派利益有非常大的影响。

美国两党激烈竞争法官职位

2011年年初,美国威斯康星州刚当选的共和党州长,向州议会提出了解决州政府赤字的法案,其中加入了取消政府雇员集体谈判权利的条文。作为州议会少数党的民主党和工会一起进行了一系列的抗争。民主党党籍的州议员为了抵制表决,全部逃到了临近的芝加哥;而数量多达几万人的工会成员长期在州政府所在地抗议,有时甚至进驻了州议会大厦。结果,共和党找到了法律程序上的一个漏洞,在民主党议员全部缺席的情况下,表决通过了这一法案。后来,民主党将这个法案带进了司法程序。许多人估计这个司法程序最终会进入州最高法院的手中。所以,州最高法院的党派构成就成了决定因素。而当时州最高法院里共和党占多数。这时,有一位最高法院法官任期到了,面临选举。可想而知,争取这个法官职位对上述法案的前景的重要性,对两党利益的重要性。为此,两党进行了激烈的选举竞争。

西方的这些例子表明什么?它表明,在现实的法律运作和政治运作中,脱离政治影响的司法独立是不存在的;在很多时候,司法是从属于政治、从属于党派和党派利益的。许多时候法官的决定固然是司法决定,但是推动这个决定的却是政治动机、党派利益等等。这是现实。那种认为司法必须脱离政治的看法固然可贵,但是,它的可贵之处恰恰在于它是一种空想。从现实来看,这种空想主要的说教对象,其实不在中国,而在西方国家。政治介入司法,遵循的是"国际惯例"。既然政治对司法的介入是"同国际接轨",那么需要争论的就不是要不要介入，而是如何介入，为谁而介入。为大多数人的利益而介入，还是为少数人而介入，这才是关键。从法律的精神来看，应当是为公正而介入，为结果的公正而介入。我想，那些追求社会公正的人们，都会同意这一点；而那些以追求公正为己任的实践家们，会践行这一点。

言论传播：资源作基础，权力变迁为目的

言论传播如同打广告

某种程度的财富平等还是言论自由的前提。

事实上的言论自由应当包括不同利益集团向社会表达自己利益诉求、思想诉求和社会选择的自由。这种自由应当包括信息的产生、选择和传播的全过程。我们知道，信息的选择和传播，在任何社会形态下，都需要一定的成本，要耗费一定的资源。所以，言论自由同资源的耗费有关，进而同社会财富的分配状况有关。

言论的传播如同打广告，没有免费的午餐。穷人由于无法支付信息传播的成本，可能仅有对自己和自己周围的人表达愿望的自由；而富有阶层由于拥有强大的财力后盾，则享有在整个社会表达自己愿望的自由。即使在网络非常发达的今天，一种观点要在网络上迅速脱颖而出，也往往需要炒作，炒作就需要成本。

由于信息选择和传播成本的存在，在贫富悬殊的情况下，信息的选择和传播是不对称的。一般而言，那些符合富有阶层的信息被大范

围传播的可能性比较大。第一,在私有财产控制传播渠道的情况下,代表大多数中下层人士利益的言论或观点,无法被选择并得以广为传播,这已经是公开的现实,有些传播渠道带有明显的利益偏好和反映这种利益的意识形态偏好。第二,即使传播渠道的选择和传播是自由的,由于它们是由营利动机支配的,运作起来成本巨大,真正的言论自由从而成为富有阶层的奢侈品。不仅如此,富有阶层还通过提供或撤销商业广告、大量订购等方式,来影响传播渠道对信息选择的偏好。

在贫富悬殊的情况下谈言论自由,结果是谁的财力雄厚,谁的言论就自由。大多数中下层人民往往沦为信息的被动接受者。他们接受的往往是富有阶层有意识筛选后的信息,他们观点和偏好往往会受到这些信息的左右或影响。

这一点在"民主选举"中表现得淋漓尽致。在选举过程中,那些有能力选择和分配社会信息的集团,可以控制或左右选举结果。这大约也是美国最高法院以"言论自由"为由,判定企业的政治捐款没有上限的原因。美国大资本在控制信息选择和传播方面是非常下工夫的。在现代资本主义国家,由于并购和重组,大众传播媒介基本掌握在少数几家公司的手中。这少数几家公司其实就控制了社会大多数新闻的选择和传播。在这种情况下,信息选择和不对称的现象更加严重。在有些国家,你会发现那些在商业上彼此竞争的媒体,在重大和敏感新闻的筛选、评论和立场上却通常惊人的一致。尽管它们在技术上、细节上有一些差异,但是在主要观点和价值判断上却缺乏多元化。是这个社会完全没有不同的观点,还是那些不同的观点被筛选掉了?为什么会出现这种情况?原因在哪里?这是因为从根本上讲,它们都代表相同的利益和价值。

在西方这种政治体制里，政治权力的分配在某种程度上取决于谁控制社会信息的选择、流动和传播。

选择和传播什么样的信息，从一个较长的周期来看，是影响社会权力结构变化的关键。因为，信息选择和信息传播可以影响意识形态的变迁，进而导致权力结构的变迁，最终导致一个国家优先选项的变化。过去是这样，现在更是这样。现代社会信息大爆炸，没有任何人可以收集、分析、处理所有信息。结果传播渠道在信息的选择和传播上扮演着比任何时候都重要的角色。只有那些被选择上的信息——哪怕是错误的信息——才可能被广泛传播，发挥社会影响。

打个比方，任何一个社会，左派和右派都是少数。大多数是游离的中间人群。争取中间人群就成为左派或右派能否实现自己主张的关键。在和平竞争的环境下，这主要就取决于谁控制媒体或言论。谎言重复一千遍，就可能被不明真相的人当成真理；当谎言被炒作成流行话题，就更有可能被不明真相的人当成事实。长此以往，听之任之，谎言就可能在社会里潜移默化。

社会信息、意识形态如同广告产品。反复的广告轰炸可以影响消费者的行为偏好。那些假冒伪劣的信息，诸如那些故意曲解和丑化历史，在历史评价上以个别细节的真实而否定整个历史进程的真实等信息，如同假冒伪劣产品，只要被某些渠道选择上并被广为传播，同样会影响信息受体的价值偏好和选择。

上面已经说明，在贫富悬殊状态下，西方的所谓言论自由实际上是少数人的特权。因此我们提倡在市场经济条件下，政府要认真担负起社会主流信息的选择和传播功能。强有力地主导建设性信息的选择和传播，是一个国家和民族长治久安的需要，是一种道义、一种责任，是保证体现社会大多数人利益的价值得以自由表达的一种方式。

如果一种社会结构在舆论上放弃了自己，那这个社会结构就开始了自己的终结。

美国的意识形态控制

美国对信息的选择和传播非常注意。在美国，你批评政策是一回事，批评现存制度则是另一回事，而提倡打烂现有制度更是另外一回事。

我们就举一个例子。中国许多人都知道美国在 20 世纪 50 年代出现过"麦卡锡主义"，而极少人知道 HCUA——美国"众议院非美国行为调查委员会"（House Committee on Un-American Activities）。麦卡锡与这个委员会没有任何关系。该委员会成立于 1938 年，1969 更名为"众议院内部安全委员会"，1975 年并入众议院司法委员会。与这个委员会有关的是"好莱坞黑名单"。"好莱坞黑名单"是 20 世纪 40—60 年代著名的事件。

这个"黑名单"是怎么回事呢？这是一个由于政治信仰和政治关系而被禁止工作的艺术界人士的名单，主要包括好莱坞剧作家、导演、演员、音乐家以及其他娱乐界职业人士。被列入该名单的人士背景广泛，原因复杂。有些可能基于他们的政治倾向；有些可能被怀疑是美国共产党成员或其同情者；有的可能是由于他们不愿为当时的政治调查作证的行为；而有些人，则仅仅是由于他们的名字在错误的时间出现在了错误的地方而上了这个黑名单。

这个黑名单的历史背景要追溯到大萧条时期。大萧条后罗斯福

"新政"期间，美国的左翼思潮比较活跃。当时的美国共产党吸引了大批艺术和娱乐界的人士。在20世纪30年代后期，美国政府开始对其进行调查。二战时期由于美国和苏联的联盟，这一调查被暂停。罗斯福去世以及二战后政治气候的改变，使得这种调查开始复苏。1947年，美国众议院非美国行为调查委员会开始专门调查美国共产党及其同情者是否在电影中植入了宣传，并开始传唤证人作证。美国前总统尼克松就是这个委员会的成员。美国另一位前任总统里根，则是当时被传唤的证人之一。

"好莱坞10"

"好莱坞黑名单"同"好莱坞10"密切相关。当时委员会传唤了许多证人，包括好莱坞的10名编剧、导演等，这就是后来著名的"好莱坞10"。这10个人，引用言论自由和集会自由条款，拒绝作证。结果，1947年11月24日，众议院以346票对17票认定他们藐视议会。马上，美国电影产业的行政主管们在纽约一家豪华饭店开了一次会，会后美国电影协会（MPAA）主席发表了一个宣言，这就是著名的"Waldorf-Statement"。该宣言宣布，MPAA将辞退或终止这10个人的工作，不再付给薪水，而且将不会重新雇用他们，直到他们被证实无罪或洗刷掉自己对国会的藐视，或者宣誓他们不是共产党人。① 这10个人全部失去工作，后来都被判藐视议会。他们层层上诉，在一连串的上述失败以后，案子最后到了最高法院。最

---

① 原文为：We will forthwith discharge or suspend without compensation those in our employ, and we will not re-employ any of the 10 until such time as he is acquitted or has purged himself of contempt and declares under oath that he is not a Communist。

高法院拒不受理。在已经被裁定有罪的情况下，不受理就等于维持了原判。1950 年，他们开始了一年的刑期。

有人认为，这个黑名单对许多美国艺术家的职业生涯造成了严重的伤害，通常导致朋友间的背叛和道义上的背叛，导致了整个产业的意识形态审查。

美国社会非常看重为下一代提供的信息选择。从幼儿园开始就进行非常系统的主流价值教育或"爱国主义教育"。对美国历史、美国历史上的奠基者和那些有巨大影响的领导者，美国人往往以一种近乎崇拜的态度对孩子们进行灌输，深入浅出，通俗易懂，引人入胜。当

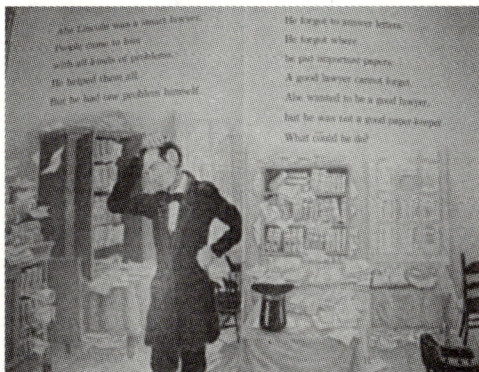

深入浅出的关于林肯的小故事

然，基于美国的"言论自由"受到"社会责任"的影响，因此是没有中小学老师去讨论杰弗逊拥有黑奴的历史真实性的。

在通过信息选择和传播导致政策方向改变这方面，新自由主义是非常成功的。它在世界范围内将一种危机重重、不公平的资本主义经济体制，包装成了一种永远均衡的、自由的体制，连许多决策者都要追捧。

这不是一件容易的事。

大萧条以后，特别是罗斯福"新政"以后，美国的主流经济思想是"凯恩斯主义"。但是，70 年代，美国和西方的保守主义运用对舆论和财力的控制，掌握信息的传播，千方百计地打造了一个"新自由主义"，成功实施了一场意识形态领域里的"革命"。新自由主义的两

位大师——哈耶克和弗里德曼在 70 年代先后被授予诺贝尔经济学奖。当时，这两个"奖"大幅度提高了新自由主义的知名度和权威性。如果没有这个奖，新自由主义也许还没有那么多的追捧者。而运用所谓的奖项来提高某些理念和个人的知名度，为其观念大行其道铺路的做法，并不止于 70 年代。

这场"革命"将美国的意识形态成功地从凯恩斯主义扭转到了新自由主义；从政府干预扭转到市场至上。这个意识形态的转变，是"里根革命"的先声。它为后来的新自由主义的转型奠定了意识形态基础和被信息选择左右了的"民意"。80 年代初期，弗里德曼还访问了中国，得以同中国当时的一位领导人讨论中国改革。

第十章
政治之手切分财富蛋糕

　　一个国家的政治改革，有两个基本的底线：第一，不能削弱这个国家和民族参与分配世界蛋糕的能力；第二，不能在国内分配中牺牲中下层的利益。

- 首先，国际政治经济体系决定了这个蛋糕在各个国家间的分配。每个国家和民族都要努力把自己能拿回来的那部分弄到自己的盘子里（笔者将在另一本书中详述）。这就是国际分配。谁有能力控制这个体系或改变这个体系，谁就能控制国际财富分配。

- 然后，每个国家在面对自己那块蛋糕的时候，不同利益集团之间就要决定如何在他们中间分配这块蛋糕。这就由一个国家的经济体制和政治体制决定。这个体制决定了谁控制程序、谁制定规则、谁决定分配、最后谁得多少。

- 谁说出左脚就是走回头路？试问，哪一位健全人在向前走时，没有迈过左脚？目前，迈左脚是为了更好地前行，而不是要否定改革开放后的三十年。

- 如果一个民族的每一个进步都建立在对前人和历史的否定上，那么这个民族必然是一个无根的、虚无的民族，一个不断否定自己的民族。这如同建立一座大厦，每建一层，都将下面一层拆掉，最后必然是空中楼阁。

政治的归宿是经济

政治经济体系从财富流动的角度看，就是一个分配体制。政治分配其实就是不同利益集团通过控制政治程序来控制政策选项的过程。而这些政策选项最终设定了不同利益集团间经济利益的优先次序。用传统的语言讲，就是政治对经济基础有反作用力，这个反作用力，就是左右分配。

就以大家喜欢谈论的"切蛋糕"理论为例。切蛋糕是一种分配。但是控制这种分配的最"给力"的办法，就是控制切蛋糕的程序，包括谁来切蛋糕、切蛋糕的规则、谁分得的蛋糕大、谁分得的蛋糕小。而这些往往是由政策程序决定的。

整个世界体系从财富分配的角度看也是一个分配体系。这个分配体系包括两个层次：一个是国内，一个是国际。国内分配，包括初次分配和二次分配；金融分配和政治分配。国际分配，包括货币分配、金融分配和国际政治的分配。

我们可以把世界经济比作一个大蛋糕。**首先，国际政治经济体系决定了这个蛋糕在各个国家间的分配。**每个国家和民族都要努力把自己能拿回来的那部分弄到自己的盘子里（笔者将在另一本书中详述）。这就是国际分配。谁有能力控制这个体系或改变这个体系，谁就能控制国际财富分配。

然后，每个国家在面对自己那块蛋糕的时候，不同利益集团之间就要决定如何在他们中间分配这块蛋糕。这就由一个国家的经济体制和政治体制决定。这个体制决定了谁控制程序、谁制定规则、谁决定分配、最后谁得多少。

所以，一个国家的政治改革，有两个基本的底线：第一，不能削弱这个国家和民族参与分配世界蛋糕的能力；第二，不能在国内分配中牺牲中下层的利益。

我们先看第一个问题。

有些人在讨论国内政治改革的时候，植入了太多外部因素，理念是别人的，体制是别人的，甚至利益偏好也是别人的。比如有些人要中国再做几百年的殖民地；有些人要反思近代中国反帝反殖民的历史；有些人干脆就有些挟洋自重，同别人搭上了几句话就乐得颠颠的。这不得不让人怀疑，这种背景下某些人所讨论的政治改革会不会降低中国在国际分配中的实力，导致中国得到的蛋糕减少。

中国现在虽然是世界第二大经济强国，综合国力大大提高，但是，同超级大国或有些国家集团相比，还是有一定差距的。在这种情况下，中国非常需要集中意志和能力，才能在国际分配中尽可能多地谋取中国利益。在这种情况下，如果像西方一样搞几个党彼此竞争。第一，意志很难集中；第二，难保有些竞争者为了自己的利益拉外人介入，向外人送上国家利益。这在近代史上例子是很多的。

这样的政治体制损害的将是中国所有阶层的利益，包括精英的利益。

再看第二个问题。有些人的政治改革理念和他们的经济改革方针是一致的。金钱民主会导致财富更高度的集中。这种做法可能会出现下面的问题：第一，是要将导致贫富悬殊的机制从政治结构上固定下来；第二，是要向西方那种权钱结合的体制一样使贫富悬殊更加严重；第三，通过合法的权钱交易控制政治程序，进而达到彻底的化公为私；第四，通过权钱交易控制政治程序后，将巧取豪夺的财产合法化。在中国政府花大力气解决贫富悬殊的情况下，提倡合法的权钱结合，这不得不让人怀疑，他们是不是想通过一些办法，进一步降低中下层在分配中的实力？

让我们做一个假定的沙盘推演：有人想在中国打造一个建立在贫富悬殊和权钱交易基础上的，所谓的三权分立的模式。这个模式可能出现下面这种问题：

政府要解决贫富悬殊议会首先可能通不过，即使议会通过了，最高法院可能裁定违宪。

在这种情况下，社会公正就将不复存在。结果只有一个，那就是历史周期的循环，中国进入大动荡。

这种情况不是大多数人希望的，也不是中国大多数合法致富的精英所希望的。第一，近代以来，中国的民族资本家是希望国家强盛的，对那些会降低国家意志和能力的东西，不会感兴趣。第二，中国的民族资本家不是短视的，对那些要把中国推进周期性动荡的行为，肯定会反对。

不过话要分两头说。中国的确需要实施政治体制改革，内容当然很多，主要的有三点：第一是提高效率，第二是惩治腐败，第三是参与民主，包括让中下层的利益能更好地在决策过程中体现。

前两点很多人没有异议，但对第三点却理解得不够。让我们看看第三点：让中下层的利益更好地在决策过程中体现。这实际上是在说：决策要讲"政治"。老一代人讲，政治是统帅，是灵魂。许多人不了解甚至反对。其实，搞市场经济，关键是要处理好多元利益主体间的利益平衡。而政治归根结底是利益，而且是更加集中的利益表现。政治程序从根子上讲，就是一个分配程序。所以，搞经济、搞经济改革离不开政治。

政治是经济工作的生命线，这句话讲的就是：在经济改革和经济政策中要处理好利益关系。处理不好利益关系，会积累经济矛盾和社会矛盾。假使矛盾得不到解决，就会导致社会动荡。即使做好了一万件其他的事，这一件没做好，也是彻底的失败。从这个角度看，政治就是统帅。

其实，在美国这种国家，决定经济政策的关键也是政治，即利益集团的利益。国会的某些辩论，其实不是"学术演讲"，不是"科学论证"，是利益博弈，是不同利益间的政治较量。这，美国人都知道。当然，可能某些人不这样看，因为他们将市场经济乌托邦化了。

所以，**改革和发展必须首先讲政治、讲利益。谁受益？谁受损？是大多数人受益，还是少数人受益？是应当让大多数人受益，还是应当让少数人受益？**这些都是大是大非的政治，不能有半点含糊。经济改革和经济政策的制定，要有政治智慧，要厘清利益得失。比如私有化，比如工资增长计划，比如如何引入外资、如何对待出口导向等，从不同的利益关系角度考虑，会有不同的结论。那些让大多数人利益受损的要果断停下来；有些拿不准的至少可以缓行；而那些让大多数人得益的要雷厉风行。以中国目前的情况来看，是到了让政治这个大元帅升帐的时候了，是大讲大是大非的政治的时候了。

关键是如何寻找一种程序让中下层的利益能在决策程序中表现出来。比如，**现在提倡"科学决策"是对的，但是，这会不会变成专家**

决策？而专家是有利益倾向或直接代表一定利益集团的。如何把"科
学决策"和中下层利益结合起来？

奖励遵守社会秩序的还是破坏社会秩序的？

我们在前面简单地讨论过洛克的自我背叛式的悲剧。而这个悲剧
的根源之一是，太注重私有制和财富占有的社会必然导致浓厚封建主
义色彩的权贵资本主义。

现在中国民间对于下一轮发展路径的选择争论很大。大致有三种
观点。

有人提倡彻底的私有化和市场化，搞放任自流的、全面私有化的
市场经济；也有一些人全面否定市场经济。这两种比较极端的选择可
能都走不通。最有效的可能还是要走中间道路，按照正式提法就是要
下决心搞社会主义市场经济。这个"社会主义"就是政府必须拥有足
够的资源来推动经济政策，抑豪强，均贫富，实现公平，即："公有
制占主导" ＋ "借鉴罗斯福的某些做法"。套用有些人的说法，就是：
"国家资本主义" ＋ "政府干预"。当然，在这种体制下，由于政府掌
握了较多的资源，所以，吏的清廉是关键。

现在的问题是，对于"社会主义市场经济"，左手边的朋友不喜欢后
四个字，右手边的朋友不喜欢前四个字。但是，他们都不能公开直接否
定这九个字，于是就取了另外一个名字，叫权贵资本主义。这大概就是
"权贵资本主义"的背景。其实，西方的那种游戏才是真正的权贵资本主
义。比如有些阶层居然就有本事通过权力将富裕阶层的最高所得税率从

90％以上降低到30％以下。

所以，现在批评权贵资本主义的，大约可以分为两个阶层。

一类人是从右边批评所谓的权贵资本主义。批评的原因，可能是因为政府妨碍了某些群体对社会财富的进一步巧取；真实目的，大约不是口头上的"普世价值"，而是将财富从政府控制下剥离出来，归为己有；他们提倡要彻底私有化，彻底市场化；要创造条件，将国有资产弄到少数人手中。有朋友将这些观点称为"分光派"。分光以后，就更彻底地按要素分配，彻底玩晕大多数人。他们中的许多恰恰是这几十年最大的受益者。

另一类人是从左边批评权贵资本主义。他们批评的原因是他们认为政府的有些部门没有及时采取更多的措施防止贫富悬殊，希望政府限制资本，有效地保护弱势群体；其目的，是希望通过政府的有效干预，将社会财富从富人手中温柔地剥离一小部分，向弱势群体倾斜。他们中的许多人，面临就学、就医、就业、住房等方面的困难，对纯粹的私有化和彻底的市场化有深沉的绝望。他们在一定程度上被边缘化，被相对贫困化。绝望中，极少数人甚至认为，完全彻底地回到过去才是出路。

从目前的阵势来看，前一类人掌握了很大的话语权，后一类人，却基本没有话语权。但是，前者人数极少，后者人数众多。所以，嗓门大的是前者，内劲足的还是后者。

两类不同的利益集团，出于不同的利益诉求，合流起来共同批评权贵资本主义。

中国现状的复杂性就在这里。

起源不同的河流聚集一起，可以形成难以想象的冲击波。在这方面，世界历史上有许多值得研究和警惕的例子。

善谋国者，不会掉以轻心。

不过，仔细分析一下，你会发现，二者又泾渭分明。前者针对政府，后者针对资本。如果妥善处理，可以分流，达到争取大多数、孤立少数的目的。

任何一个社会结构，其实就是利益结构，是激励机制，本质上是分配体制。在一个稳定的社会结构里，利益激励机制应当有两个特点：第一，保护大多数人；第二，激励那些支持这个社会结构的阶层。

这两点都很好理解，第二点却很难做到。假如一位老师在班上长期鼓励那些力图打破课堂秩序的人，而事实上惩罚那些坚决遵守课堂秩序的人，后果是什么，小学生都知道。一个好的老师，应当鼓励遵守课堂秩序的人。所以，一个老师的课堂政策有没有政治智慧，从他的课堂激励就知道。

任何一个社会结构，其稳定性都取决于该社会的受益者对该社会结构的支持程度。因为任何理性的人都不应当期望被这个结构所损害的阶层长久地支持这个社会结构。简单地说，就是你依靠谁就应当鼓励谁，就要代表谁。如果你依靠一群人，而代表另一群人，最后你所依靠的人就要被别人代表了，或者他们干脆就自己代表自己。结果是你没有什么可依靠的。

所以，一个社会最不应当做的事情，就是损害这个社会依靠的对象。

让我们举一个通俗的例子。美国某大公司的前首席执行官，将员工分为三类：很能干又忠诚的；不太能干但忠诚的；很能干但是不忠诚的。他认为，第一类是骨干，要重用；第二类是大多数，要保护，要将他们放在适当的岗位上；第三类是破坏性因素，要限制。一个公司要成功，不能奖励那些不忠诚的能人精英。

对那些忠诚而又不是精英的大多数，一定要保护，千万不能以任何名义放弃他们。

当受益者激烈反对既有社会结构的时候，这个社会结构就需要认真反思一下了。这个社会的财富分配体制是不是出了问题？是不是奖励了该社会结构的掘墓人？是不是边缘化了它的依靠对象？是不是同大多数有些脱节？

中国需要建立什么样的分配激励体制？目前这种激励机制有没有问题？中国经济需要激励哪些人，激励哪些阶层？这些问题，是转型中必须回答的关键问题。

金钱民主好似夺命丹

和其他实证派一样，我不希望让空洞的概念欺骗自己。在概念和眼睛之间，如果二者有矛盾的话，我更加相信我的眼睛。

我这一生插了两次队。第一次是 1976 年高中毕业下乡，赶上了"上山下乡"的末班车；第二次是 90 年代初期，又到美国洋插队。

第一次插队时，看到农村的情况，同书本上有许多差异。

第二次插队时，看到美国的情况，同那些歌颂西方的介绍也有许多差异。

美国是世界上最富有的国家，但是，有超过 3 000 万人生活在贫困线下，几千万人没有医疗保险，许多穷人世世代代生活在贫民窟，到处都是无家可归的人，每一年下大雪都有人冻死。后来又参加了一些当地的慈善事业。许多慈善口号，平淡无奇，却让人的心情难以平静。比如"为了让无家可归的人吃一顿感恩节晚餐"，"为了让贫困的孩子有一个圣诞礼物"等等。这些在普通人眼中极其平常的要求，居然成了弱势群体难以实现的奢望！

这两次插队，让我理解到，书本同现实都是有差别的，西方东方都一样。你单纯从书本出发，去了解中国会犯错误；你单纯从书本出发，去了解西方同样会犯错误。如果你要把你从书本上理解的西方，照搬到中国来，那肯定是错上加错了。

正是有了这两次插队，看到了下层人民的艰难，也看到了富有社会里民不聊生的现实，于是我就成了一个实证派。

所谓实证派就是注重疗效，套用国内流行的一句广告词："好不好，看疗效"。换句话说，就是你不能从书本上抄一些概念来忽悠大家，你得拿出一点实效，咱们得看看你的临床效果。

国内朋友告诉我，现在关于路径的争论，早就和以前不一样了。过去还是理念之争，现在都是利益之争。后来，仔细观察，果然如此。

有人主张经济上绝对的私有化和市场化，政治上搞西方的金钱民主等等。表面上看，他们理论装备比较好，全是美式装备。不过这些从西方舶来的东西，许多都水土不服，也派不上什么用场。

他们现在面临的最大问题是，西方现在搞得实在太不好，临床效果不佳，很难有说服力。于是就弄一些空洞的口号忽悠大伙儿，将市场经济和金钱民主乌托邦化。这颇像历史上那些江湖术士所炼的仙丹，说的是让人长生不老，结果反而成了夺命丹。

你说单纯的市场那么好，为什么美国搞出来一个几十年未遇的大危机？你说金钱民主那么好，为什么西方几十年来长期实施给富人减税的政策？为什么目前大多数人希望提高富人税收的时候，美国还要持续给富人减税？

而且，喊这些口号的人，都是仅从抽象概念出发，回避事实，忽略细节。我们知道，细节的错误会导致什么结果——画虎不成反类犬。宏观世界是由细节构成的。**没有细节支撑的宏观概念，是空洞的概念，而空洞的概念是永远经不起实证检验的。**我们对一件事情，既要宏观正确，又要细节准确。**西方的自由民主你也不要抽象地拥护，具体看看谁控制这个程序，谁最终受益就行了。**

我觉得极右边的朋友面临的问题是，他们太看重西方那些具体形式，把它普遍化，反而忽视了自由民主的真谛。一株玫瑰上的两朵花都不可能一样，为什么民主的形式就只能有一种？

为什么不可以换一种思路？不要纠缠于西方那种具体的金钱民主的形式，而着重探索在中国这块土地上，如何实现既符合民族传统，又能让大多数人都能参政议政、参与民主管理的中国式民主，建设性地考虑问题，创造邓小平所说的比资本主义国家的民主更高更切实的民主。

当然，这是从理念之争的方面去理解。如果从利益之争的角度去理解，那又另当别论。

前面的实证资料表明，在彻底私有制和财富集中基础上产生的西方式的政治游戏，是为富有阶层量身打造的。对这一点，有些人可能是揣着明白装糊涂，故意误导大众。前段时间，读了一位经济学家的文章。他是提倡平等的，但是他的平等不包括财富的平等，而专指权利的平等。他认为导致财富不平等的市场经济加民主政治是现代社会的第一定律，大有和发现了万有引力定律的牛顿一比高低的味道。这位经济学家是大力反对权贵资本主义的。不知他是否理解，他所提倡的那种第一定律，将导致富有阶层对权力的全面控制，导致更加严重的权贵资本主义。

在今天的中国，有没有人公开宣称要先攫取社会财富，然后再攫取政治权力？恐怕很少。然而，就世界范围而言，某些精英对政治权力的渴求，已经不是秘密。**中国要警惕有人在市场经济的口号下，先将财富集中在少数人手中；再在"普世价值"的口号下，引入合法的钱权交易体制，将权力集中在少数人手中。**假如中国走上这种极端贫富悬殊下合法的权钱交易的"普世"模式，中国将倒退到一个非常落后和黑暗的时期。中国的弱势群体，将彻底被排除在正常的政治和经济决策程序之外。

但是，读者朋友不要以为我就赞同极左。有人说，中国一些人想回到极左的"文化大革命"时代。其实，这些人也忘了一点，毛主席是要终结"文革"的。当然，如果你认为有必要，你可以总结一些合理的因素，然后与时俱进，为社会服务。

其实，任何一个社会，极左和极右的都是少数。大多数是中间派。所以，两边的极端派才要千方百计地去争取中间派。所以，大家就要比嗓门、比声势、比人气、比腕儿。

跛足前进还是两条腿走路？

记得罗斯福曾经讲过这样一句话，保守主义者（指那些坚持传统资本主义的人）也长有两条腿，但他们却不知道如何向前走。

我们都有两条腿，不能用一条腿走路。

为什么要两条腿走路？在回答这个问题前，让我们看一组数据（见图 10—1）。

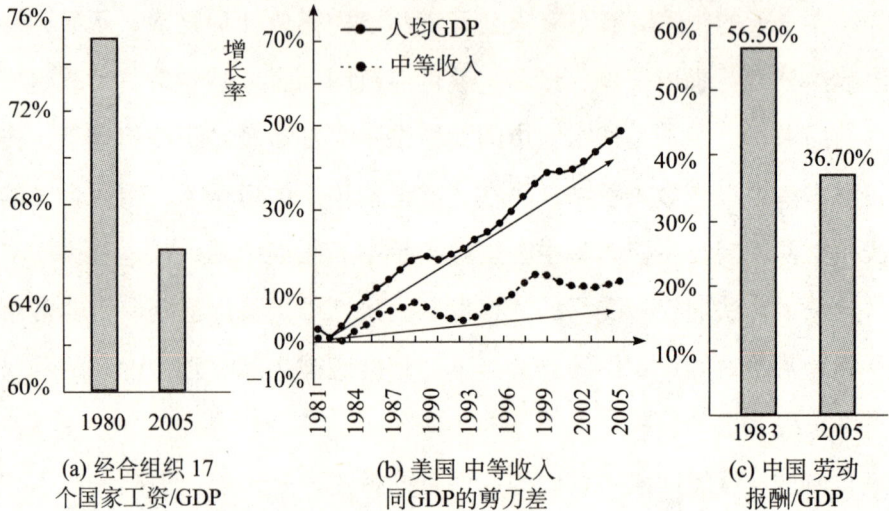

(a) 经合组织 17 个国家工资/GDP

(b) 美国 中等收入同GDP的剪刀差

(c) 中国 劳动报酬/GDP

图 10—1

资料来源：http://www.g24.org。

上面这组数据，讲述的是经济合作与发展组织（OECD）17 个国家、美国以及中国在过去三十多年里劳动者相对贫困的历史事实。 在过去三十年多年里，劳动者的工资对 GDP 的占比经历了长期、持续的下降。美国是这样，欧洲是这样，中国也是这样。**劳动者相对贫困化几乎是一个世界性现象，没有国界的差别，没有肤色的差别，也没有意识形态的差别。** 有一句行话叫做"一组数据胜过一篇文章"。这一组数据，胜过汗牛充栋的文章。

这段触目惊心的历史，也许会让大家想到一位伟人。这位伟人，以洞察历史的眼光指出，私有制基础上的放任自流的市场经济，会不断制造劳动者的相对贫困。这种相对贫困和生产的无限扩大之间的矛盾，会带来灾难性的经济危机。大家应当知道这是谁的论断。这个论断是不是正确的呢？笔者没有资格评判。最有资格评判的是历史本身。许多人动不动就要还原历史、反思历史。要知道，不恰当的还原和反思，最终都要是被历史还原的。

工资占比下降，劳动者相对贫困导致社会的有效需求不足，出现生产过剩。过去发达国家依靠增加公私债务的手段来缓解生产过剩；而中国则是依靠出口导向解决这个问题。目前两种办法都走到了尽头。西方国家不可能继续依靠大规模债务增长来刺激经济；而中国也不太可能继续将出口导向作为经济发展的主要引擎。所以，当今世界的所有问题：发达国家同发展中国家的经济不平衡问题，发达国家的债务问题，发展中国家内部的不公平问题等，都源于生产扩大和相对贫困的矛盾，源于这对矛盾所导致的生产过剩。

历史站在了这位伟人一边。他是谁呢？他就是马克思。希望所有关心中国未来走向，关心历史隐喻的朋友们，甚至那些不赞同上面论断的人们，都能虚心地求教于历史，用实证的数据来支持你的观点。《非诚勿扰2》里面那个追求尊严的商人对他的朋友复述过他女儿的一句话。他说，女儿在读了《资本论》以后对他说，"马克思很靠谱"。对那些处于中下层的朋友，那些代表中下层的朋友，甚至那些富有阶层，我们想告诉你，马克思是属于你的。他会告诉你，为什么中下层会长期相对贫困，为什么会总需求不足，为什么生产过剩和贫困会同时存在，怎样才能防止或改变这种状况。

我们对未来的梦想，在很大程度上取决于我们对现状的认知。我们最大的疑惑，往往是对自己的疑惑，对自己历史的疑惑。

那么，我们应当怎样认识发生在中国土地上的相对贫困呢？

中国劳动者相对贫困或中国劳动报酬相对下降是一个几十年持续不断的、普遍的甚至全局的现象。我们在前面从劳动和资本的关系方面讨论过这个问题。现在，让我们从相对宏观的角度来讨论这个问题。导致这个现象产生的宏观原因，不太可能是暂时的、个别的、局部的问题，而极有可能是在某些关乎全局的地方，某些指导方法上，出现了巨大缺陷和大面积的失误。基于本书前面的分析，可以这样看：我们过去可能将刺激私欲当成了一种主要的手段，过分强调分配差异，强调私有化，强调市场自发均衡，同时政府在推动社会价值和收入调节方面做得不够。结果，在劳动者相对贫困方面，才会出现"社会主义市场经济"和"资本主义市场经济"趋同的现象。

趋同的现象背后，是趋同的原因。"趋同"是问题的症结。

这表明我们的经济结构已经发生了巨大变化，"社会主义"的特点可能不够，有别于"资本主义"的特点不太鲜明。换一句话说，就是在"经济发展应当服务于谁"这个方向和道路的问题上讨论得不够。不然为什么会染上"相对贫困"这个世界病？甚至病得比西方许多国家还严重？几十年的改革成绩巨大，如果经济领域里面有什么失误的话，这可能就是最大的失误。

从宏观角度看，妨碍中国进一步发展的根本问题可能就在这里，而不是有些人说的，在改革以前那几十年的历史里。因为，众所周知，那几十年是以公有制基础上的平均主义而著称的，**平均主义不可能成为贫富悬殊的原因。我们这一代人应当勇于承担自己的责任，不要拿历史说事，更不能用"历史虚无主义"作为自己责任的挡箭牌。**

所以，中国发展转型的关键是要回归传统，要在继承公平体制上多做一些功课，要将发展和继承联系起来。这可能是重点中的重点。

总之，中国做了许多关于私有化和市场化改革的探索，而且相当成功，接下来，如何在市场经济条件下通过体制和经济政策，实现公平正义，实施社会选择，强化政府干预，增强国有企业在经济中的积极作用，可能是经济体制改革中非常重要的新的探索领域。这正如钟摆一样，向右边摆多了，就自然要向左摆。反之亦然。这是任何一个社会稳定的前提。一个理智的民族就是在这种自我反思和自我矫正中不断前进的。这好比走路，你老出左脚不行，老出右脚也不行，要两脚交替。**中国的经济改革，右边的这只脚已经迈出了巨大的一步，市场化、私有化做了很多，如果左边这一步跟不上，中国经济改革的进程就走不下去。**

从某种意义上讲，这种来回调整是许多国家现代化过程中走过的路。以美国为例，从内战以后的重建到 19 世纪末期，是"镀金时代"，英文称为 Gilded Era。那是经济和人口都高速增长的时代，是美国历史上 GDP 增长率最高的时代，是实际工资、GDP、财富和资本积累高速增长的时代。遍布全美的交通和通信网络就是在那个时代完成的。美国的工业革命或者现代化基础就是在那个年代实现的。到了 20 世纪初，美国人均收入和工业生产已经居于世界首位；人均收入是德国和法国的两倍，是英国的 1.5 倍。但是，那也是一个贫富悬殊极端严重、财富高度集中、上层社会极端奢侈和享乐的年代，是一个道德沉沦的年代，是阶级对立加速的年代。大凡读过马克·吐温笔下《镀金时代》的人都知道，那是一个物欲横流，致富至上，道德全面沦丧，政府腐败，为了致富铤而走险的年代。

当时美国的富有阶级有多富？那个时代产生了一大批垄断寡头。

如果当时有《福布斯》排名的话，世界富豪排行榜可能会被美国包揽。当时政府腐败到了什么程度？当时的联邦、州和地方政府出现了大面积的腐败，政府官员以权谋私、行贿受贿、工程回扣等十分普遍。在两党政治中，获胜的政党公开将联邦、州以及地方的政府工作与合同作为酬谢，给予自己的支持者。

接下来就是19世纪末到20世纪初期（1890—1920）的"进步时代"。针对资本对社会的全面控制和道德的全面沦丧，美国出现了一个自下而上的、全面的"社会改革"过程，其主要内容就是反对大资本对社会的控制（比如制定反垄断法、分拆洛克菲勒财团等），提倡在社会、文化和政治方面摆脱资本的控制，节制政府腐败。同时工会逐步发展和强大，工人运动也逐步活跃，工人们开始维护自身的合法权利，争取改善劳动条件。在道德上，强调道德的回归，尤其强调家庭价值的回归。这个改革运动一直持续到20世纪20年代。

然后是大萧条。大萧条以后的罗斯福"新政"将这场改革运动推向了高潮，结果在相当大的程度上调整了美国的政治经济体制。

在那几十年中，其实美国就做了一件事，那就是出左脚。我们的经济转型，可不可以也出出左脚？

这就是老祖宗所说的中庸、波浪式前进。只迈一只脚，是极端主义和绝对主义，不懂基本的辩证法。只迈右脚是跛脚前进，最后是要摔跤的。

让我们用两条腿走出经济改革的康庄大道来。

有人反对两条腿走路，提倡一只脚出击。一旦别人提出要转型、要反思，要矫正经济生活和经济思路中的缺失，要探索政府如何更加有效地管理市场经济，他们就拿出一顶"走回头路"的大帽子。**谁说**

出左脚就是走回头路？试问，哪一个健全人在向前走时，没有迈过左脚？目前，迈左脚是为了更好地前行，而不是要否定改革开放后的三十年。

还原历史还是与时俱进？

我们前面指出，劳动者的相对贫困是因为继承得不够，而不是继承得太多。

改革和传承必须结合。这个方面，西方有些国家值得借鉴。

比如，17 世纪的新教改革，明明是反对教皇的，旗号却是返回圣经，将宗教改革和宗教延续统一起来。比如，建立美国的那一代人许多都拥有黑奴，是奴隶主，后来美国废除了奴隶制，但是，美国并没有因为开国元勋们是奴隶主而否定他们和他们的思想，否定他们创建美国的历史功绩。《独立宣言》的起草者杰弗逊就拥有黑奴。显然，杰弗逊在《独立宣言》中写下的"人生而平等"这句话中的"人"是不包括黑奴的。然而，林肯没有追究这种历史局限而否定杰弗逊。恰恰相反，他的废奴宣言依据的就是杰弗逊的这句话：人生而平等。同一句话，在杰弗逊笔下仅指白人的自由，在林肯口中就包括了黑人的自由。林肯在新的时代，给同一句话赋予了时代内容。他没有为了废除奴隶制就要"还原历史"，要澄清"人生而平等"这句话原本的历史事实。他没有否定前人、否定杰弗逊、否定《独立宣言》。在美国这样的例子很多。

再比如 20 世纪，美国有一个"民权运动"。美国没有因为肯定民权运动就完全否定民权运动以前的历史；比如，罗斯福推行"新政"，他大范围地改造了资本主义，但是他没有因此而彻底否定他面对的历史。

这就是一个民族薪火相传的智慧。一个伟大的民族，不仅善于根据新的历史条件创造新的智慧，还善于在前人的智慧里注入新时代的内容。有生命力的民族，再古老也永远年轻。

这样的民族才能生生不息。

薪火不灭，代代相传。让前人的火炬在自己手中灿烂地燃烧着，是一个民族在延续自己的智慧。先贤们不仅属于历史，而且属于当今。

在这里我们不得不评论一下所谓"澄清历史事实"。澄清历史事实无可厚非，但是，假如"澄清历史事实"是为了让我们前人的智慧永远定格在特定的历史上，不容许我们为它们注入新时代的内容，然后再从今天的角度去否定它们，否定历史，搞历史虚无化，那就另当别论。那是为了割断历史。不过，这些"澄清历史事实"的先生们，对自己的祖宗严，对别人的祖宗宽；对自己的祖宗骂娘，对别人的祖宗顶礼膜拜。没有看见他们谁下任何工夫，去还原杰弗逊"人生而平等"的历史事实，恰恰相反，他们忽视"历史事实"，而对这句话顶礼膜拜，似乎它从一开始就具有"普世价值"。

斗转星移，沧海桑田。**如果一个民族的每一个进步都建立在对前人和历史的否定上，那么这个民族必然是一个无根的、虚无的民族，一个不断否定自己的民族。这如同建立一座大厦，每建一层，都将下面一层拆掉，最后必然是空中楼阁。**

从历史上看，最有生命力的创新都来源于传统。没有传统的创新是无本之木。文艺复兴、宗教革命、美国的民权运动等等，都是在历史传统中寻找创新的起点。历史上那些伟大的开拓者，都是伟大的继承者。

其实，我们的任务是面向未来。**我们关心历史，是因为我们关心未来。不同的人对历史有不同的"还原"，是因为他们对未来有不同的选择。**所以，我们要以对未来负责、对国家长治久安负责的态度来看待历史。在这个大是大非面前，个人的好恶实在不算什么。我们不必过度关心我们前人的智慧在当时有什么局限，我们应当关心的是，那些智慧在今天有什么价值。这就是推陈出新，与时俱进。

中国几千年以来，尤其是这六十多年积累了许多经验和智慧，值得我们这一代人认真吸取。如果过去主要是向别人学习的话，那么下一步将主要向自己的历史学习。向传统学习，专心研究中国自己的问题，从中国国情出发，创造出一种有中国特色的市场经济，创造一种有浓厚中国文化和中国风格的市场经济。建国后的头三十年有许多值得我们学习和继承的，值得将它们"与时俱进"。我们需要继承毛泽东和陈云的经济思想，将他们关于经济平等、社会选择、经济平衡和政府主导的思想同市场经济改革结合起来。

比如，为人民服务的思想。**如果你相信人民，人民会相信你；如果你善待人民，人民会善待你；如果你服务于人民，人民会拥护你。**大致如此，反之亦然。要不要让 GDP 为大多数人服务，说到底是为人民服务的问题。这是从宏观上讲。从微观上讲，如果我们提倡将为人民服务同利润动机结合起来，那会形成一种比较人道、和谐的市场经济。如果一个社会能形成一套规则，使每个个体都能着眼于通过为别人服务的方式来实现自己利益，那么社会价值和谋利动机就有可能结合起来。

比如，群众路线。严重的贫富悬殊，许多公共产品（如医疗和教育）的产业化，让几千万工人下岗的私有化，将公平同效益对立起来的单纯效益观等，其关键一点就是离开了群众路线。以私有化为例。将国有财产通过某些渠道转到少数人手中，而让大多数人下岗，这其实站在了群众的对立面。为了少数人的利益，而放弃多数人的支持。这个账算得可能不太明白，有些自毁长城的味道。心里面装着群众，这些失误就容易避免或解决。越是搞市场经济，越要讲群众路线，搞好收入分配，保护弱势群体，提供必要的社会保障，帮助就业，帮助贫困孩子上学，提振总需求等等。在市场经济情况下，不讲群众路线，必然会弄出贫富悬殊，弄出内需不足，最后弄出社会经济危机。群众路线是中国几千年政治智慧的总结。改革要讲群众路线，经济发展要讲群众路线。以人为本和有包容的增长，讲的就是群众路线。让市场经济放任自流，制造贫富悬殊，是严重的不讲群众路线。群众路线还体现在经济决策程序上。经济政策直接涉及不同利益集团间利益的消长，必须有相关利益主体参与，不能只包括专家和实业家。因为后者毫无疑问是有利益动机的，稍一不慎，经济决策就可能被某些利益集团绑架，而忽视大多数群众的利益。搞市场经济一定要处理好精英和群众的关系。前面提到的那位英国剧作家，《妇女》杂志的王尔德大主编，生前身后名气都非常大，是欧洲人尤其是欧洲女人崇拜的一个偶像级人物。如果放在现代，他每次出场都可能引起媒体和女士们一阵阵的尖叫。在他的墓碑上，至今还可以见到许多红色的吻印。他还有一句名言："我们都身处地沟，一些人却在仰望夜空中的星星"。搞市场经济，千万不要将大多数人遗忘在地沟里面。

比如，政府主导的思想，包括以公有制为主导的思想。政府必须足够强大，以保护人民的利益，维持市场秩序，推动社会价值，实现社会价值，实施社会选择。同时人民又必须足够强大以参与决策和监督政府。

比如，综合平衡。现在不大听得到综合平衡了。其实中国目前的所有经济问题，就两个字——失衡。市场经济的特点就是不平衡。政府有责任纠正市场的种种缺失，搞好综合平衡。市场均衡应当同社会经济的综合平衡结合。例如，开发大西部，就是要处理好沿海和内地的关系；建设新农村和城乡一体化改革，就是要处理好农村和城市的关系；要纠正对外部市场的过度依赖，就是要处理好内部生产和需求的平衡。

在目前这种情况下，有一点是明确的：我们必须改变，必须转型，必须有所作为，必须扭转让劳动者相对贫困的趋势。在这个历史时刻我们必须尽最大的努力。如果我们发现了不完善的，我们就改变它，继续前进；如果我们需要更多的继承，我们就更多地继承；如果我们需要更多的创新，就更多地创新；如果二者我们都需要，我们就把创新和继承结合起来。

别把私欲神圣化

在美国一个业主要做一些改变房屋的工程，不仅需要得到业主协会的同意，还必须经县政府批准。我有个朋友，在一个小区买了一栋房，还带有很大的一块空地。那块空地的面积是周围房子的好几倍，完全可以盖三到四栋房。在美国，这块地是他的私有财产，他有没有权利多盖几栋房呢？

我做过一个简单的民意调查。我问过许多国内的朋友，得到的答案是肯定的；我也问过许多美国的朋友，得到的答案是否定的。

美国那些朋友是对的。这是因为他们知道在美国私有产权并不像国内有些学者宣传的那样神圣化。

为什么不能在自己的土地上多盖房呢？第一，当初县政府在这块土地上规划的就是只能盖一栋房；第二，业主协会也不会同意。所以，私有产权是有明确界定的边界的。那块土地是我朋友的，但是他的使用权却受到政府和业主协会的限制。这个例子告诉我们，即使在美国，私有产权在很多情况下也不是至高无上的。

这些年来，许多人将人、私欲，社会、崇高这些东西完全搞糊涂了。

经济改革和建设的中心是什么？是私有化，是市场化，是西方体制，是利润，还是GDP？

都不是，是经济活动的中心——人。

曾经有一些人，认为中国的经济改革和经济发展是为了证明西方理念的正确。其实，这是缘木求鱼。经济改革和发展的中心是人，追求的是大多数人享有自由和幸福的事实。如果西方理念不利于中国实现这个最终目的，就必须坚决拒绝。

所以，当社会资源大量向少数人倾斜和少数地方倾斜的时候，当大多数人被边缘化的时候，经济活动的中心价值就被扭曲了。

经济的活力来自于个体自由和解放的事实。这个事实，是评价经济效益的最终价值。当大多数个体享有自由的事实的时候，这个经济才是有活力的经济。

但是，承认和解放人不只是承认和解放人的私欲。

私欲从古到今都有。一个人不因为私欲而变得崇高，恰恰相反，只有当一个人在追求私欲而不损害他人的利益时，这个人才算是摆脱了卑微；只有当一个人为了社会价值而抑制甚至放弃自己的私利时，他才变得崇高。一个真正伟大的社会，其责任是确保每个人都是以满足他人利益的方式来追求个人私利的，而不是无限制地刺激私欲。

有人将私欲和私有财产神圣化，上升到神圣权利的地位，似乎社会必须成为私欲或私有财产的奴婢。其实，任何个人都面临他所处的社会价值的限制。在许多时候，社会的规范高于个人的私欲。

古今中外，私有财产在操作上都是有法律的界限的。私有产权都是在法律明确界定的边界内才有效。比如，即使在美国这样的资本主义国家，也不允许在私有领地内搞违背法律的"歧视"，更不能推行与社会法律体系冲突的人身关系。又比如，如果你是美国的亿万富翁，在你百年后，你的财产有一大部分要通过遗产税收归社会的。对于那些认为自己的私有领地"国王也不能进入"的人，请你到美国去，再在自己的"私有领地"上搞一些侵犯美国法律体系界定的"社会利益"的事，试试。

将私欲、私有制神圣化和绝对化，在任何社会都是没有操作内涵的。

在私欲和社会之间，有人走到了极端的地步。有人搬弄英国《大宪章》的"同意，才能抽税"的口号，将它绝对化。那些待在书本里的人对这个口号有一种抽象的崇拜。其实，在大多数社会中，大多数人的纳税并不是基于他们个人的"同意"，而是基于这个社会所继承的法律，包括税法。这个法律可能在你出生以前就存在了，即使你不同意，你还得纳税。另一方面，从民主的内涵看，在制定税法的时候，必须实施事实上的多数人的统治。在中国如果多数人同意增加富有阶层的税收，即使个别富有的人不"同意"，也得纳税。而中国的中下层显然占多数。少数人"不同意，也得纳税"。

相同的事发生在"纳税人监督"上。这不是指少数纳税人的监督，而是指多数纳税人的监督。所以，政府在使用纳税人的钱的时候，要确保体现了大多数纳税人的利益和愿望。

私欲同社会价值不可能永远一致。

如何调和二者的矛盾，从来就是考验领导智慧的问题。所以，许多国家的统治阶级总是千方百计地提倡他们的"社会价值"。一个政府提倡私欲不算超凡的举措；而一个政府提倡社会价值才是领导国家的壮举。

肯尼迪说，

不要问国家为我做了什么，而要问我为国家做了什么。

罗斯福说，

在追求个人理想的时候我们是个人主义者。但是，当我们作为一个民族而追求经济和政治进步的时候，我们会像一个人那样，一起前进或一起后退。

毛泽东说，

为人民服务。

任何一个领导者不会因为善于迎合私利而变得伟大，而会因为在承认私欲的情况下，号召人民追求高于私欲的社会价值，并能实现这

种社会价值而变得伟大。

任何一个民族不会因为物欲横流而变得崇高，而会因为在物欲横流的世界里追求自己的社会价值，让大多数人不因少数人的私欲而受到损害而变得崇高。

对社会价值的追求，可以但是不能只限于道德诉求。

资本是有利益动机的，需要制度约束，而不只是道德诉求。马克思是这样讲的，孙中山先生提倡的"节制资本"也是这种含义。

承认私欲和刺激私欲不是一回事。**依靠刺激私欲来刺激社会活力，最后社会活力将为私欲所淹没。**私欲只能在一定程度内推动社会的活力，超过了那个限度，私欲必须让位于社会价值。

第十一章
增谁的税？减谁的税？

社会进步的标志是为贫困的人们提供充足的支付手段，而不是让富有的人们垄断更多的资源。这是我的原则——税收将根据支付能力抽取。这也是唯一的美国的原则。

——罗斯福

■ 有些经济学家认为，提高税收会导致经济增长放缓；而降低税收可以刺激经济增长。这种看法中外都有，是里根经济学的核心内容，也是提倡对富有阶层减税的主要理论依据。

■ 为了解决贫富悬殊，中国迫切需要开征一些专门针对富人的税种，比如在降低中下层税负的前提下（例如提高所得税起征点），提高最高累进税率，同时开征财产税、投资收益税、奢侈品消费税、遗产税，甚至适当提高企业所得税等等。

提高富人税负有利于经济增长

通过政府调节，实现一定程度的公平，可以导致社会总体效益的提高。这就是我们所称的 1−1>0 的公平原则。即：政府从富人那里多转移 1 元税出来（−1），或中下层直接或间接增加 1 元收入/福利（+1），结果会导致社会总体效益提高，从长远看导致富人效益也增高。

这不是经济学上的哥德巴赫猜想，但却是经济学皇冠上的明珠。

让我们以累进税率同 GDP 的增长为例。政府解决贫富悬殊的一个主要手段就是提高富人的收入累进税率。

要解决公平问题，就必须重新切分蛋糕。公平实现的程度，取决于蛋糕重新分配的力度。这个社会选项或政策选项是无法回避的。**又要解决贫富悬殊，又要避免或减少蛋糕的再切割，只是一种空想。最后结果只能是贫富悬殊越来越严重。**

在市场经济条件下，重新切分蛋糕的有效手段就是税收。现在有许多人担心，提高累进税率会不会使中国经济增长放缓。这大概是举手投足间难以决断的原因。有些经济学家认为，提高税收会导致经济增长放缓；而降低税收可以刺激经济增长。这种看法中外都有，是里根经济学的核心内容，也是提倡对富有阶层减税的主要理论依据。

> **里根经济学：**由美国第 40 任总统罗纳德·里根推行的经济政策。主要内容包括支持市场自由竞争、降低税收和公共开支、降低政府对企业经营的控制等。其理论基础是"供给自动创造需求"。

那么，税率同经济增长究竟是什么关系？

让我们看看实证材料。图 11—1 是 1930—2007 年美国各年最高累进税率。

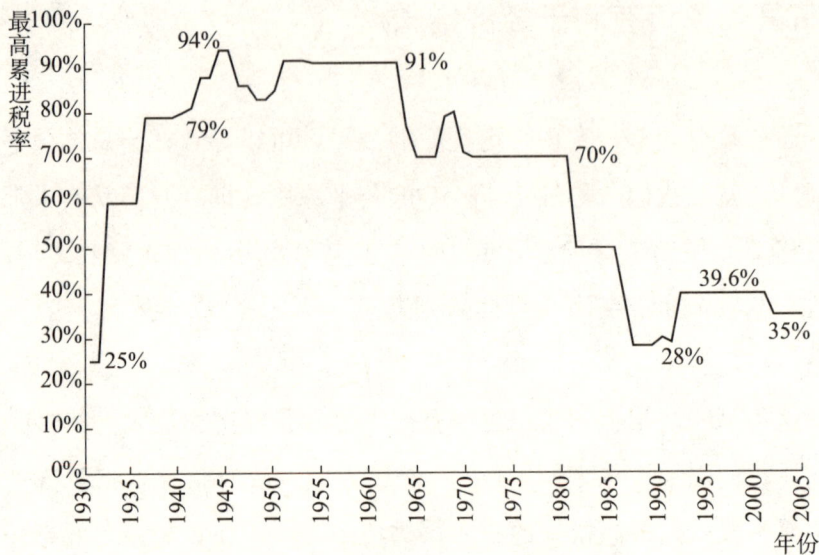

图 11—1　美国历年的最高累进税率

这个图讲的是下面这样一个故事。

为了叙事方便，让我们假定你是属于美国收入最高那个阶层的人。

20 世纪大萧条前，美国是你的低税天堂。在 1930 年，你只需按 25％的最高累进税率缴税。

1932 年，罗斯福上任后立即"均贫富"。你不得不按高达 79％的最高累进税率缴税，为"新政"买单。一部分财富被匀给了中下层。

以后几年，最高累进税率还在不断升高。

到了二战快结束的时候，你需要按 94％的最高累进税率缴税。

从那以后，最高累进税率略有下降。即使如此，整个 50 年代，这个税率基本都维持在 91％左右。换句话说，在收入达到一定的限额以后，你多赚的每 100 美元中，只有 9 美元能装进你的腰包，其余的就要通过公共财政匀给中下层。

60 年代初期，肯尼迪进行了二战后第一次减税，将最高累进税率降低到了 70％左右。这个税率一直持续到 20 世纪 70 年代末。

80 年代，里根开始闹"革命"。一场"小政府"的革命帮了你的大钱袋。最高累进税率被里根降到了 28％。

90 年代，克林顿忽悠了一把"小政府"，将这个税率提高到了 39％。克林顿为此付出的代价是不小的。得罪了像你这样的富人，一不小心，私生活就被某些人"三级化"了。

风水轮流转，8 年以后又到了你家。21 世纪初，在钱袋子和高等法院配合下，你把小布什送进了白宫。然后，你收到了一个大红包——被克林顿提高的累进税率被降低到了 35％——一直持续至今。

这就是 20 世纪大萧条以来，美国富人税率的变化。

如果仔细观察上面这个图，你会发现，20 世纪的大萧条和这次大衰退，都发生在最高累进税率接近历史时期最低点的时候。

按照高税率不利于经济增长的假说，美国经济增长表现最差的年代肯定是"新政"以后到"里根革命"前的那几十年，增长最好的应当是"里根革命"以后的这几十年。

让人跌破眼镜的是，事实恰恰相反。

"里根革命"以后低税率的那三十年，才是经济增长较慢的三十年。

第一，我们在最高累进税率和 GDP 年增长率这两组数字间，做了一个相关分析。结果发现，最高累进税率同真实 GDP 年增长率之间成正相关，相关系数为 0.23；同名义 GDP 年增长率同样成正相关，相关系数为 0.27。这些实证的数据，证伪了关于提高累进税率导致 GDP 增长放缓的假说。

第二，图 11—2 就更加直观。我们将美国 1932—2007 年这段时间分为两个时期：最高累进税的高税率时期和低税率时期。前者为 1932—1979 年，后者为 1980—2007 年。在高税率时期，真实 GDP 的年平均增长率为 4.3%，在低税率时期只有 2.97%。在计算高税率时，我们将 1932 年包括在内。这一年 GDP 增长率为−13.7%。而在计算低税收时期时，我们却扣除了 2008 年和 2009 年。在这两年，GDP 增长率分别为 0% 和−2.63%。如果我们将这两个年头包括在内，高税率时期的 GDP 增长率还要高，低税率时期的 GDP 增长率还要低。[①]

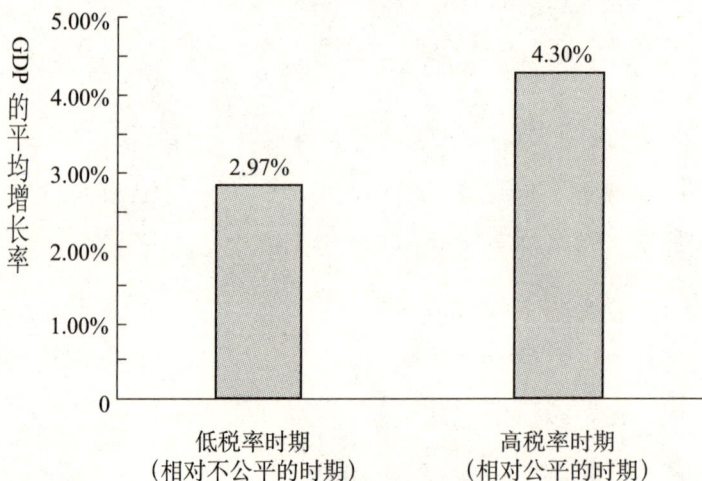

图 11—2　美国 GDP 在不同最高累进税率下的平均增长率

第三，上面这个高税率时期，同时也是基尼系数比较低的时期，

---

① 参见 http://www.leftbusinessobserver.com/IncomePoverty2004.html。

是相对公平的时期；而低税率时期同时也是基尼系数比较高的时期，是相对不公平的时期。按照公平导致低效益、扩大差异导致高效益的假定，基尼系数高的时期，GDP 的增长必然高于基尼系数低的时期。而结果却恰恰相反：相对公平的时期，GDP 的年均增长率高于相对不公平的时期。

总之，实证数据不仅证伪了高税率导致低增长的假说，还证伪了公平导致低效益的假说。

"1－1＞0"

怎么解释这些实证数据呢？

市场经济每天都在大量地、严重地产生贫富悬殊。

我们在前文中曾经给大家展现了美国过去三十年里人均 GDP 的增长与中等收入增长间的剪刀差。中等收入的增长长期低于人均 GDP 的增长，中下层的相对贫困日渐严重。这个剪刀差，是自由放任的市场经济的必然。罗斯福认为它是货币利润动机导致的，马克思认为它是资本本性导致的。

中下层不断恶化的相对贫困状况，导致了总需求不足。总供给大于总需求，使经济在潜在容量以下运行，从而导致产能过剩，经济增长缓慢，甚至出现经济危机。在这种情况下，如果政府通过税收的再分配作用，增加公共支出，或增加对中下层的转移支付，就可以达到推动总需求，推动经济增长的目的。高收入阶层的边际消费倾向低于中下层的边际消费倾向。所以，每 1 元的转移支付，导致高收入阶层消费的减少，大大低于中下层消费的相应增加。

比如说，富有阶层多交 1 元税，其消费可能只减少 0.2 元；如果将这 1 元税收转移给中下层，其消费可能增加 0.9 元；如果转移给赤贫阶层，其消费可能增加 1 元。社会总需求因此增加。

根据这个思路，我们做一个经济学推演。

假定最高累进税率提高带来税收增加为 ΔT；最富有阶层的边际消费倾向为 ΔCr；中下阶层的边际消费倾向为 ΔCp；提高累进税带来的有效总需求 ΔD 的变化为

$$\Delta D = \Delta T \times (\Delta C_p - \Delta C_r)$$

我们知道，中下层的边际消费倾向大于富有阶层的边际消费倾向，即

$$(\Delta Cp - \Delta Cr) > 0$$

所以

$$\Delta T (\Delta Cp - \Delta Cr) > 0$$

或

$$\Delta T \times \Delta Cp - \Delta T \times \Delta Cr > 0$$

这就是"1−1＞0"。

这个公式是说，在市场经济条件下，一定程度上提高富人税负转移给穷人，实现社会公平，会增加总有效需求，推动经济增长，有利于经济实现均衡和效益。实现这个转换的是 $(\Delta Cp - \Delta Cr)$，即穷人边际消费倾向和富人边际消费倾向的差。

所以，提高累进税率有利于 GDP 的增长。

相反，减税虽然增加了富有阶层的收入和财富，却减少了社会的总有效需求，从而成为经济增长缓慢的幕后推手。此外，减税还可能

导致政府债务负担加重和中下层以举债度日的后果，任其发展将埋下金融危机的种子。

我们在前文中指出，中国存在一个矛盾的现象，一方面税收占GDP 的比重比较低，另一方面中下层感到税负较重。解决这个矛盾的切入点是调整税负结构，就是降低中下层的税负，提高富有阶层的税负。调整税负结构是调整收入分配和财富分配的重要手段，是实现公平的重要途径。调整税负结构的原则，不是要让尽量多的人纳税，而是要尽量让有能力纳税的人纳税。罗斯福当年就指出，按支付能力征税是税收的基本原则。他当年"均贫富"的时候依据的就是这个原则。"均贫富"是开征个税的主要目的和主要功能。

不过，在这里我们必须澄清一个问题。税制改革的目的不是为了减少国家的总体税收，而是调整税负结构。它对国家税收的影响至少应是中性的。中国需要有足够的税收来推动多项社会政策，来解决贫富悬殊问题。税负结构的改革同所谓"国富民穷"没有关系。中国的现状是富有阶层的税负较低，中下阶层税负太重，政府税收占比较低。换句话说，同发达国家和许多发展中国家的政府税收相比，中国的情况是"国未富而民已穷"。**为了解决贫富悬殊，中国迫切需要开征一些专门针对富人的税种，比如在降低中下层税负的前提下（例如提高所得税起征点），提高最高累进税率，同时开征财产税、投资收益税、奢侈品消费税、遗产税，甚至适当提高企业所得税等等。**其中企业税率我们需要多说一句。现在中国企业所得税税率为 25％，结果大多数富人可以通过企业所得实现避税。

简言之，中国需要减中下层的税，增富有阶层的税。改革税负结构，降低中下层的税负，是藏富于民的最好办法，惠及的是大多数。

我们建议的这个加减法符合多重需要。它符合按能力征税的原则，是解决贫富悬殊问题的需要，是扩大内需的需要。在做这个加减法的时候，中国的步子需要迈得大一点，多一点紧迫感，要坚决果断地改变中下层是个税纳税主体的现象。这应当是个税改革的出发点，也是衡量个税改革成败的尺度。做到了这一点，大多数人的负担就会降低。

当然，增加的税收一定要有针对性地用于提高社会保障和中下层的再次分配。

做到了这些，就能有效解决贫富悬殊，提高总有效需求。中国的民族产业将面临一个不断扩张的市场容量，减少对海外市场的依赖，其经济效益也会迅速提高。中国经济这个蛋糕就会迅速做大。

这是一个共赢的方法。

所以，经济学其实并不像有些人做的那样，处处被用来为扩大差异，为富有阶层服务。那是在糟蹋经济学。

降低税率历来是特权阶层的诉求

从实证数据和经济变量之间的关系看，政府干预不仅可以解决贫富悬殊而且还有利于经济增长。然而，有人无视这种客观变量的关系，反对政府干预，提倡降低富人税负。

现在有一个叫"藏富于民"的口号。只要内涵正确，这个提法是正确的。如果藏富于民是指要用国家的税收去解决贫富悬殊问题，"藏富"于中下层，那无疑是解决中国当前经济问题的正确办法。但是，假如这个口号是指降低对富有阶层的税收，进一步推行私有制，

236

"藏富"于极少数人，那就不利于解决中国面临的问题了。"民"这个概念，应当是指大多数，而不专属极少数。如果说藏富于极少数是"藏富于民"，95％的人是不会同意的。而且，这种"藏富于民"，将导致贫富悬殊更加严重，收入更加不公，消费更加萎缩，总需求更加不足，对外部市场依赖更加严重。

还有一个口号叫"不与民争利"。其实，为了公平正义，为了广大中下层的利益，一定要"为民争利"，要用税收和其他手段，为中下层争利。

当今中国有许多人指责政府税收过高，将经济生活中的许多问题归结为政府税收，将解决问题的出路归结为降低税收，虽然不正确，但是，从利益多元化的角度看却是可以理解的。

关键是社会选择。而社会选择最后体现为政府决策。

在历史上降低税率历来是特权阶层的诉求。

例如英国著名的《大宪章》就产生于英国国王约翰和贵族间关于税收的争执。由于同教廷间的连年战争，靡费太大，国王增加了对贵族的税收。高税收激起了贵族的叛乱。这种叛乱导致了《大宪章》的产生。再以法国为例。在路易十四、路易十五、路易十六治下，法国非常繁荣。但是，法国政府却陷入长期的财政困境中。法国最富有的6％左右的人拥有大约30％的土地，他们是牧师和贵族，但是他们不缴税。税负大部分落在农民和其他下层人民身上。农民不仅要缴国家的税，还要缴教会的"什一税"，还要为政府和贵族服劳役，苦不堪言。法国在"七年战争"和支持美国独立战争以后，几乎破产。为了解决财政问题，在路易十六治下，法国有些地方税收上升了28％。上涨的税收几乎全部落在穷人身上，导致怨声载道。后来路易十六打算改革税制，对贵族征税，遭到贵族阶级的反对。由此引发的一系列历史事件，最终导致了法国大革命。这场革命不仅冲走了国王，也冲走了特权阶级。

增加富有阶层税收太难。

罗斯福做到了这一点，是因为罗斯福不仅有坚毅的决心，还获得了美国历史上前所未有的集中授权，而且他绕过了精英阶层直接结交了民心。

历史上，许多人选择了避重就轻，牺牲弱势的中下层，结果最后牺牲掉的是他们自己。

明末由于内外战争频仍，耗费巨大，于是就有了什么"辽饷"，什么各种名目的饷，不断加税。大量的税负落在了社会底层的农民身上，使本来就贫富悬殊的社会更加不公，导致进一步的民变。假如明王朝能让富有阶层分担应有的责任，也许农民起义的烈火会小一些。崇祯的叔父福王以及京城的大佬、北方的巨富、江南的商贾，哪一个不是富可敌国？却向下层人民频繁加税，逼得人民铤而走险。现在有人认为，明王朝应避免两面作战，攘外必先安内，应先同后金政权妥协，集中精力剿灭农民起义。这依然是避重就轻。当时中国北方，赤地千里，饥民遍地。莫非真能斩尽杀绝？内忧外患的明王朝当时需要力行改革，抑豪强，均贫富。

再以国民党为例。抗战时期几大家族，豪门巨室，哪一个不是富甲天下？政府却要编出各种名目向下层人民加税。小时候听老人们讲，抗战时期，四川已经把未来几十年的税都提前征走了，民不聊生。哪里有半点天下为公的意思？难怪国民党会失败。[1]

黎民安，则天下安。欲安天下者必先安民。

---

① 参见 http://www.fordham.edu/halsall/mod/lect/mod10.html。

第十二章
国有企业大有可为

　　现在对国有企业的指责很多，主要归结为两点，一是行业垄断；二是成了分配不公的祸首。其实这些指责都是站不住脚的。

■ 如果真要下决心解决收入分配不公的问题，不是要通过私有化将国企职工的薪水降下来，变成私人利润，而是要通过国企分配体制的规范化，让它成为全社会初次分配的榜样，带动其他行业的薪水上涨，让非国有企业的职工工资增长赶上人均 GDP 的增长。

■ 自主创新，要鼓励民间投资，但又不能完全让民间投资买单。这种战略性成本应当由政府买单。长远看，也只有政府才有能力买单。一个现实手段，就是让国有企业在高科技和自主创新中扮演战略性和关键性的角色。

被冤枉的国有企业

单纯从经济上看，支持私有化的观点站不住脚。

中国依然有人不遗余力地推动私有化。除了那些不能公开的理由外，所有公开的理由都是站不住脚的，而且，有的已经到了荒诞不经的地步。

2010 年年初，有人为了推动私有化，开始将公有制同鸭子联系在一起。有人说，社会主义有公有制如同鸭子有两条腿一样，但是，有两条腿的不一定都是鸭子。言下之意，国有企业不一定是社会主义，将国有企业私有化不是放弃社会主义。这种鸭子理论一时弄得洛阳纸贵。

这个逻辑是不全面的。玩这种逻辑游戏的人，故意省略了关键的一点：不是两条腿的，一定不是鸭子；没有公有制，肯定不是社会主义。由于这种故意的省略，上面的逻辑，差一点就变成了"不是两条腿也是鸭子"。这种堂而皇之要在十几亿人的餐桌上摆上不是两条腿的鸭子的行为，比历史上指鹿为马的赵高还要厉害。

将国有企业指鹿为马，强加许多莫须有的罪名，必欲去之而后快，由来已久。最初对国有企业的指责是低效益。随着国有企业管理者和职工的多年打拼，经营水平大幅度提高，中国有些国有企业，其效益和经营水平已名列世界前茅，说国有企业效益低站不住脚了，有人又开始在国有企业身上寻找其他借口。

我们曾经指出，经济学在有些人手中，如同橡皮泥，想怎么捏就怎么捏。对同一对象可以有完全相反的指责。比如对公有制和政府干预，在 20 世纪 80 年代以后的相当长一段时间，许多人指责它们导致大锅饭，导致平均主义。为了打破这个平均主义，要私有化，要减少政府干预。这条路走了一段时间后，出现了大量的社会不公和贫富悬殊。于是，有些人开始反过来说，说是公有制和政府干预导致了贫富悬殊，为了解决贫富悬殊，必须实施进一步的私有化和彻底的市场化。私有化就建立在这两个完全对立的假说上。这两个彼此打架的观点，几乎出于同样那几张嘴。

现在对国有企业的指责很多，主要归结为两点，一是行业垄断；二是成了分配不公的祸首。其实这些指责都是站不住脚的。

对国企垄断的指责涉及垄断利润和引入竞争。实际上，目前大多数国企所在的行业，是有关国计民生的战略性行业，或具有自然垄断属性的行业。**指责国企垄断利润的深层原因，可能是少数人对垄断利润的渴求。**无利不起早。有些学者拿了人家的钱，就要为人家说话。这种指责其实只说了半句话，没有说出口的那半句话是：垄断利润不能归国有，必须通过私有化变成少数人的垄断利润。有人指责国企垄断的另一个重要借口是要引入竞争。这些人大概又忘记了两点。第一，即使是新古典经济学，也承认竞争会带来或正或负的作用。竞争不是一切。一个国家、一个社会必须对竞争以及竞争带来的后果作出判断和选择。第二，同一行业内部，也可以允许两个以上的国有企业存在，让它们之间竞争。中国许多国企能够在国际市场上竞争胜出，当然也能在国内市场上相互竞争。所以，**仅仅由于要将垄断利润变成少数人的利润，仅仅为了竞争的需要，而将国企私有化，站不住脚。**从经济学上讲，有些强词夺理。

对国企导致贫富悬殊的指责，涉及行业间的工资差异。有些人指责国有企业，说国企由于行业垄断导致职工薪水偏高，从而导致贫富悬殊。这是有意地转移视线。中国过高的基尼系数和过分的贫富悬殊，其根本原因不是国企职工的收入，不是行业之间的工资差异，而是少数人占有了大多数社会财富。这么简单明了的事实，又被少数人给搅糊涂了。这些年来，国企职工的收入基本按照人均 GDP 增速在增长。而其他企业的人均收入增长远远低于人均 GDP 的增长速度。现在大家明白了吧，国企和非国企间的人均收入差别，是由于非国企工资收入增长低于人均 GDP 的增长。所以，将中国工资收入只占 GDP 36％的原因放在国企职工的薪水上，是一种误解。

实际上，国企职工薪水能同人均 GDP 一同增长是一件值得庆幸的事。它正好证实了其他行业职工的薪水偏低，证实了公有制利于解决中下层相对贫困的问题。**如果真要下决心解决收入分配不公的问题，不是要通过私有化将国企职工的薪水降下来，变成私人利润，而是要通过国企分配体制的规范化，让它成为全社会初次分配的榜样，带动其他行业的薪水上涨，让非国有企业的职工工资增长赶上人均 GDP 的增长。这，才是出路。**

个别人却有意回避问题的实质，不愿意讨论如何提高非国有企业职工的收入水平，不愿意讨论如何解决社会财富的再分配问题，而专拿国企职工开刀。似乎，将国企职工普遍推入相对贫困，中国的贫富悬殊问题就解决了，基尼系数就下来了。要证明这个假设，可能比证明哥德巴赫猜想还要难。

制造更大面积的相对贫困，无法解决普遍存在的相对贫困。对中下层的收入，要做加法，不能做减法；要"水涨船高"，不能搞"水落石出"。以解决贫富悬殊为借口，将国企私有化，逻辑不通。

总之，目前对国企的指责，站不住脚。当然，国企自身有许多必须改进的地方。但任何企业都有必须改进的地方，并非国企独有。

国企的战略优势

国有企业大有可为。

现阶段，中国搞多种经济成分并存，应当真心实意地给国企一个战略性的空间。国企是前人留下的一个现成的平台，一个巨大的战略优势。如能扬长避短，它们可以在中国下一轮经济发展中起到非常重大的战略作用。比如：

自主创新。美国、日本的高科技都是在政府支持下发展起来的。美国在独立初期，就制定政策以关税收入补贴科技发展。我们目前看到的这些高科技，几乎都是在美国政府支持和主持下发展起来的。自主创新是中国经济转型的一个重要内容。中国是目前世界上最开放的国家，世界上所有的高科技企业都已经进军中国，把中国当成了高科技的奥林匹克竞赛场。其竞赛的方式和手段五花八门。在这种情况下，中国企业面临的不仅仅是兵临城下，而且是身陷重围。没有政府的支持，中国企业要想在高科技领域和其他科技创新领域胜出非常困难。高科技投入的特点本来就是投资大、周期长、失败的概率很高，很多时候，只有投入没有产出。而国内市场的竞争格局，更加剧了这种风险。**自主创新，要鼓励民间投资，但又不能完全让民间投资买单。这种战略性成本应当由政府买单。长远看，也只有政府才有能力**

买单。**一个现实手段，就是让国有企业在高科技和自主创新中扮演战略性和关键性的角色。**中国政府可以规划一些应当在未来 5 年、10 年、20 年突破的关键性技术领域，由国企担纲，协同合作，寻求突破。国企可以在产业升级上走得更快一些。这方面，中国有丰富的历史经验可资借鉴。当前中国那些具有战略意义的科技突破，都是这样搞出来的。

经济整合。现在中国实际上条块分割非常厉害。以户籍制为例，以前只有城乡两种户籍，现在不同的户籍几乎遍布中国的所有大城市，特别是一线城市，可以说一市一籍，结果条块分割更加厉害。有些地方为了自己的 GDP 划地为界，不利于商品和人才的流动。这些条块分割不利于建立统一的国内市场。在这方面中央控制的国有企业可以起到非常重要的市场整合作用。国有企业可以通过跨地区的布局与合作，打破块状分割，成为整合中国市场的骨干。现在回想起来，中国的国有企业在过去几十年的经济发展和经济整合中其实可以发挥更大的作用。例如以前的百货公司、粮食公司和物资公司等，稍加改造就是现成的全国性大公司。如果当时没有解散和私有化，而是整合起来发展成全国性连锁网络，那么中国现在将有好几家世界级别的国有控股的全国零售连锁网。拥有这样一大批全国性连锁零售公司，控制着关系国计民生的零售市场，对建立跨地区的统一市场、稳定市场秩序、稳定物价、执行宏观经济政策，都能发挥巨大的积极作用。这种前车之鉴应当认真吸取。

西部开发。西部开发是关系中国下一轮发展的关键，是关系中国能否减少对外部市场的依赖、走向内需为主的关键一步。在西部开发中，国有企业大有作为。国有企业的优点是资金雄厚，物资动员能力强。可以通过投资、收购、兼并等方式，在西部地区迅速发展出一系列彼此配套的关键产业和基础产业，建立起完整的产业链和产业供求关系，培育国内市场，迅速培育出一些重要的产业群体和产业极。同时鼓励民营企业跟进。中国西部开发已经迈出的关键几步是相当成功的，比如交通和通信设施的开发、高速公路网和高铁的建成，这些都为西部发展奠定了良好的基础。

贫富悬殊。我们在前文中已经提及，可以在分配体制规范化的基础上，让国企成为初次分配的榜样，推动贫富悬殊的解决。国有企业可以率先试行工资集体协商，摸索出经验，在其他行业推广。政府也可以参考国企职工收入水平，制定行业的工资指导标准，指导民营企业劳资双方集体协商；国企还可以探索在市场经济条件下，工会如何更真实有效地捍卫职工的利益。

宏观调控。中国的宏观调控在某些领域遇到了挑战。例如，这一届政府上任时，就将"稳定房价"作为一项主要的施政目标。七八年过去了，中国的房价泡沫还是非常大。政府连续出台的许多房地产新政，都被房地产公司和地方政府一一化解了。从这几年中央政府、地方政府和房地产商的博弈中，可以得出这样一条结论：宏观调控并不一定都是有效的。它的有效性在某种程度上取决于调控对象是否按理出牌，是否愿意对国家经济政策作出预期反应。如果上有政策，下有对策，就会弄得宏观调控力度受限，宏观政策将很难达到预期的政策目标。弄不好就会出现"空调"现象。房地产市场出现的这种"空调"现象，应当从全局上深思。要全面认真地思考政府、市场、宏观调控、私有化之间的关系。我们过去是不是想得太理想化和简单化了？对宏观调控效果的估计是不是太乐观了？假如所有关系国计民生和国家战略利益的产业，如石油、电气、军工等等，被全面私有化，它们会不会像房地产业一样出现难以抑制的涨价？而中央政府的宏观调控政策会不会全面面临"空调"问题？假如出现了，中央政府怎么办？国家如何实现经济政策目标？中国经济怎么办？中国怎么办？见微知著，一叶知秋。有没有人想过这些问题？中国经济会不会分离为大大小小，各自为政的私有化的"土围子"或"洋围子"？所以，同私有化相反，我们主张中央政府通过国有企业，控制国民经济的关键和战略产业，让它们成为执行国家宏观经济政策的手段，保障国家社会经济目标的实现，保障国家经济的统一、市场的统一和物价的稳定。

解决就业。就业是中国经济未来发展面临的一个主要问题。罗斯福时期为了解决就业问题，通过行政命令的方式建立了类似于国有企业的许多实体来解决就业问题。国有企业应当在解决就业方面发挥更大的作用。

第十三章
复兴之路

2034 年，中国在经济总量上相当于美国的两倍。中国将会成为世界上最主要的权力中心。中国的崛起将会导致全球实力格局的巨大变化，许多国际规则将会改写。

- 单纯的利润动机同社会经济的总体效益，同社会价值是有冲突的；同人道主义是有冲突的；同文艺复兴以来的人文传统，同中国几千年追求公平的传统，同社会主义的核心价值是冲突的；同共同富裕的目标是冲突的。

- 美国具体的政治经济体系，在美国宪法上是看不到的。从宪法上看美国是联邦制国家，在实际运作中却形成了中央权力非常强大的体制。

- 在世界范围内，包括在中国，有一个颇为流行的虚假命题。那就是，现代化必须同时也是"（西方的）民主化"。这个命题被当代亚洲某些国家和地区的现代化进程所证伪。

用社会价值约束利润冲动

市场经济的基本问题，就是个体的选择无法自动实现社会的选择。社会选择不是个体选择的加总。由于市场经济只关心个体的选择，其结果当然就忽视了社会价值和社会选择。很多时候，个体选择同社会选择是矛盾的。

劳动和资本之间比较公平的分配所带来的总需求的增加，以及人道的、社会的、文化的和精神的效益，不会在公司短期的季度和年度报表里反映出来，也无法从股票的价格上得到回报。所以，单纯追求利润，追求企业的股票价格，必然导致对总需求，对社会、文化、精神等诸多方面的忽略甚至破坏。这表明，**单纯的利润动机同社会经济的总体效益，同社会价值是有冲突的；同人道主义是有冲突的；同文艺复兴以来的人文传统，同中国几千年追求公平的传统，同社会主义的核心价值是冲突的；同共同富裕的目标是冲突的**。这就是为什么从19世纪后半叶以来，人类一直在寻求解决这种矛盾的方法。而"华盛顿共识"和盛行于20世纪80年代以后的放任自流的市场经济理念，是对这些历史传统的反动。

这种冲突是全面的。

劳动者相对贫困就是这种冲突的集中表现。利润动机不会导致房地产资源向中下层配置；利润动机不会导致医疗资源向中下层配置；利润动机不会导致教育资源向中下层配置。总之，利润动机无法解决劳动者的相对贫困，利润动机和市场经济自身不能消除压在大多数中国人头上的"三座大山"。市场竞争固然可以提高社会的活力，但是，市场经济每天都在制造阶层差别，制造阶层对立。即使每个人起点一样，最后也会导致严重的阶层分化，甚至对抗。而且，市场经济还会产生外部性。个别主体在利润动机推动下，可能带来对公共领域的危害，如环境污染等等。

总之，放任自流的市场经济最大问题就是用市场竞争取代社会价值，让利润动机凌驾于社会价值之上，导致社会价值的全面沉沦，导致对大多数人的全面否定，导致人文传统的全面倒退。放任自流的市场经济，固然推动了少数人的自由，但是，其导致的不公平却牺牲了多数人的自由。

所以，我们应当寻求社会选择和市场选择之间的平衡，寻求个体的利润冲动和社会价值选择之间的平衡。**一个社会需要追求的不应当是如何让利润动机凌驾于所有社会价值和社会目标之上，而是如何让利润冲动在符合社会价值和社会选择的框架中运作。**这种经济体制才是对文艺复兴以来人文传统的继承，才是对社会主义核心价值的继承，才是对中国几千年追求公平的传统的继承，才可能实现大多数人的解放。

在市场经济中，如何实现社会价值和社会选择呢？在资本、个人、政府之间，只有政府有可能在社会范围内有效地推动社会价值，有可能限制利润动机对社会经济总体效益的破坏性，有可能缓解利润动机同人文传统的冲突。所以，政府是让利润动机服从于社会价值的必要机构。

由于市场经济的固有缺失，纠正和防止这些缺失、实现社会价值是政府的责任，不能以任何理由削减或缩小这种责任。我们的看法同某些人不一样。我们认为，在中国发展的关键时期，由于不公平的经济关系的存在，不能让放任自流的市场经济和不公平的经济关系决定上层建筑，达到让上层建筑反映这种不公平关系的目的；恰恰相反，中国需要利用上层建筑对经济基础的反作用，来纠正市场经济的缺失，来构建公平的经济关系。总之，通过上层建筑的反作用将市场经济和社会选择结合起来才是历史的选择。

如何形成一种将二者结合起来的体制，是中国转型中的关键课题。这大概就是中国选择建立社会主义市场经济的历史意义。将市场经济的自由竞争同社会主义公平正义结合起来，形成独特的、公平的、人道的、有包容的市场经济体制，这大概就是转型时期的历史任务。这大约也是社会主义市场经济的历史内涵。

中国的经济体制，应当寻求市场和政府的动态结合。不能把政府装在市场原则的框里。恰恰相反，要以法律体制、公共政策、经济手段甚至行政手段来规范和引导市场经济，防范和弥补市场经济的缺失，而不能简单地照抄西方。中国的经济学和经济实践应当做出超越西方的贡献，而且有条件做出这种贡献。在市场经济出现缺失和可能出现缺失的地方，在市场经济违背和可能违背社会价值的地方，在市场经济无法和可能无法实现均衡的地方，在市场经济降低和可能降低社会效益的地方，在市场经济妨碍和可能妨碍公平实现的地方，在市场经济导致和可能导致经济周期与经济危机的地方，都必须是政府干预的领域。这类干预，不仅不是对自由的限制，反而是对大多数人经济自由的保证，不仅不会扭曲均衡，反而是实现有效均衡的手段。

社会主义市场经济，除了公有制占主体以外，政府要设立符合社会总体利益的社会经济目标。在一定的制度框架里，如果市场能够自动实现这些目的，那政府可以无为而治；如果市场和市场信号不能自动实现这些目标，那就需要政府的有力干预，将经济推动到满足社会经济目的的均衡点上。

让我们实事求是地看待市场经济，用其所长，避其所短，以公平正义为体，以市场经济为用，建立起"不太趋同"的市场经济。

黎民安，则天下治

前几天同一位同行聊起世界经济前景。这位高鼻蓝眼的老兄，大有当年曹操煮酒论英雄的味道，他说，当今世界英雄，唯中国与美国耳。他接着又说，美国无法同中国竞争。原因有三：（1）中国有5年，10年，15年，乃至20年规划，美国没有。2年或4年一次的选举周期，弄得人人为选举忙碌，专心于短线操作。（2）中国劳动力比美国便宜。（3）中国搞出了一种特殊的市场经济。他认为中国知道市场经济的好处，也知道市场经济的坏处。中国现在的模式，很有利于扬长避短。他形象地说，市场经济如同一部机器。美国这部机器缺乏政府可以操作的扳手，现在出了大问题，除了伯南克忙着印钞票以外，其他人就只好围着这部机器瞎转，一筹莫展。而中国这部市场经济的机器，有许多扳手。中国政府在必要的时候，这里调一调，那里扳一扳。在他口中，大概这就是中国模式的一个优点。

这位老兄的看法，其实代表了美国政商许多人的看法。有的人，嘴上不承认，实际上是又羡慕又嫉妒，想方设法劝说中国把这些扳手全给废了。恰好中国也有一帮人跟着吆喝，要中国彻底市场化和私有化，自己把那些扳手给废了。中国还真不能玩那些彻底私有化和市场化的游戏。千万不要自废武功。

当然，中国模式有许多问题。关键的一点是没有处理好社会选择与利润冲动之间的矛盾。现在中国确立了发展方式转型战略，确立了实现公平正义的大政方针。只要知行合一，上下一致，这个世纪就是中国的。

单纯沿着市场导向思路继续进行新自由主义的试验无法解决中国面临的许多问题。中国目前最需要的是矫正市场的缺失，解决市场经济不可避免的种种问题。换句话说，中国必须从市场以外的角度寻求解决问题的方法。

中国近期的关键是安民。中国应当以公平安天下，以公平安民心，以公权力实现社会公正。安民，才能安邦。安民心者，方能安天下；欲安天下者，必先安民心。中国历史上，未闻民心安，而天下未安者；也未闻民心不安，而天下未乱者。民心安，天下可由乱而治，由治而盛；民心不安，天下则可由治而乱，由乱而衰。中国历史上"治国平天下"的故事，归根结底就"安民心"三个字，用今天的话说就是"为人民服务"和群众路线。老百姓心中都有一杆秤，历史的兴亡得失，都是用这杆秤称出来的。

当今之计，要安民心，必须"均贫富，抑豪强"。而要做到这两点，又必须"严吏治，强中央"。下节我们会详细论述。

在这里我们特别要讨论一下改革同"均贫富，抑豪强"的关系。中国历史上有许多值得称道的变革。这些变革有一个共同的特点，那就是"均贫富，抑豪强"。这类变革不仅带来社会稳定和民心的安定，而且带来国家的稳定。中国历史有一个不能忽视的特点，就是当财富高度集中的时候，不仅民不聊生，而且中央权力出现虚位。那些拥有巨大财富的集团和个人，以各种方式攫取正式的或非正式的权力，同中央权力抗衡，导致政令不通、政令不畅、政令不行，最终导致社会动荡，国家分崩离析。所以，中国历史上有远见的改革者，总是千方百计以铁腕抑制豪强，以铁腕平抑不公。历史上很多利国利民的变革，尽管有很多可圈可点的地方，但是，没有一次是为了制造豪强、为了制造财富集中。

这些历史经验值得我们深思。中国的改革和发展，不是为了制造财富高度集中，不是为了制造几个世界顶级的富翁，所以，不应当也不应该运用政策手段去推动财富的集中，无论以什么名义和什么借口。

中国有两句古话，一句是"敬天畏民"，另一句是"天予神授"。从今天的角度看，"天"就是大多数人民，"神"就是社会规律。只要处理好民生，安定了大多数人民，遵守了历史规律，社会一定会长治久安。所以，只要真心实意地走群众路线，站在95%的大多数一边，以人为本，社会必然稳定，体制也会长期稳定。而做到这一切的关键，就是要构建以公平为核心的经济体制。

12 字崛起之策

中国经济面临的时代课题，同罗斯福当年面临的有某些相似之处。罗斯福以社会价值来约束利润动机的"新政"，可以概括为"均贫富，抑豪强，软独裁，结民心"这12个字。罗斯福的做法，颇有借鉴意义。

基于当今中国的现状和建立人道的市场经济的考虑，我们提出"均贫富，抑豪强，严吏治，强中央"这 12 个字。

均贫富

严重的贫富悬殊如同一条悬在中国各阶层头上的河。治理这条悬河是各阶层利益的最大公约数。我们在前文中指出，公平就是效益。解决贫富悬殊，实现某种程度的社会公正，是完善民主和法制的基础，是保障大多数人自由的基础，是保障言论自由的基础，是实现社会稳定的基础。

公平对少数精英也许是一种最差的体系，但是对所有其他人则是最好的体制。

我们曾经讨论过，社会经济效益的增加＝GDP 的增加＋公平的增加。提振公平，就是提振社会经济效益。

"均贫富"的核心就是将降低基尼系数作为人道的市场经济体制和经济政策的目标。

从体制的角度看，就是要构建公平的体制，通过两次分配的调整，解决收入分配不公的问题，构建必要的社会保障网络（如养老、失业、贫困、残疾等方面的社会保险），建立新型的医疗卫生体系、住房体系和教育体系，恢复公共产品的公共性质，让社会经济资源（如医疗资源、住房资源、教育资源等）大规模和大幅度地向大多数人倾斜。构建这个体系，需要大量的支出。为此政府必须大幅度提高富有阶层的税率，开征新的税种。比照发达国家的做法，可以提高高收入人群的累进税率，开征投资收益税、遗产税、财产赠与税、奢侈品消费税、高档物业销售税、房地产税等等。现在中国出现了新的移民潮，大量富有阶层通过投资移民将财产转移到海外。如果是移民到第三世界国家，咱不了解。如果移民到发达国家，那就必须做好缴纳高额税款的准备。前文提到过，西方虽然大量减税，但税负还是比中国高。基于西方目前的经济困境，增加富人税收是迟早的事。而且，西方有高额的遗产税和财产赠与税。比如，如果你投资移民美国，你名下那一大笔财产，就再也不能像在中国一样可以赠与或留给你的子女，你每一年赠与你孩子的财产（包括现金）只能有 1 万多美元可以免税。财产赠与税和遗产税都是非常高的，高达百分之几十。所以，如果你是想逃避"均贫富"而移民的话，却可能不小心落入西方的高税收陷阱。

在税制方面，中国应当迎头赶上。其实，遗产税是防止财产高度集中的有效手段。

从政策层面来看，中国需要把充分就业作为经济政策的直接目标和首要目标。那些动辄要降低工人工资，甚至让工人下岗的私有化政策一定要停下来。要健全规范劳动市场的法律体系，加强监管，保证平等就业机会，防止和反对各种形式的就业歧视，让许多没有关系和门路的中下层人员有平等就业的机会，从而有向上移动的正常通道。

在解决就业问题上，尤其应当花大力气解决年轻人，包括大学毕业生的就业问题。年轻人是中国的未来，世界最终是属于他们的。年轻人对社会秩序和社会结构的态度决定着这个社会秩序和社会结构的前途。当前，中国政府花了许多财力和精力，而且将会花更多的财力和精力，来解决农村和城乡老人的保障问题。这项举措功在千秋。此外，中国必须花很大的力气解决年轻人的就业问题。年轻人处于人生的起步阶段，他们目前的生活状况，他们未来的成功和失败，他们对前途是期待还是失望，他们对现状是肯定还是否定，在很大程度上都决定于他们的就业状态。当代的年轻人掌握着现代的通信手段，如网络、微博、手机等等，面临信息爆炸，面对各种思潮的影响；同时他们又喜欢利用现代通信工具表达自己的情绪，他们是非常有影响力的一个社会群体。假如一个社会无法为他们提供就业机会，为他们提供人生最起码的基石和起点，他们就很容易接受一些其他思潮。非洲动荡的导火索就是那里年轻人的失业。以埃及为例，在过去十多年，埃及高等教育大幅度发展，但是，社会没有为大学生提供足够的就业岗位。至少有50％以上的男性青年和90％以上的女性青年，在离开学校后两年之内都找不到工作。许多年轻人看不到希望，相当绝望。这一点值得许多发展中国家注意。当然，解决年轻人就业是两个方面的。除了多创造机会外，还要教育年轻人，引导年轻人，激发他们将人生的理想同时代结合起来，鼓励他们面向基层，面向工农，面向西部，面向艰苦地区。但是，这种做法需要营造一个良好的社会价值氛围。如果一个社会物欲横流，道德沦丧，那是不可能做到这一点的。

均贫富的另外一个重要方面就是要保障中下层罢工和集体谈判的权利。罗斯福说，"如果我到一家工厂工作，我做的第一件事就是参加工会"。为什么？组织起来的工会，可以捍卫工人自己的利益。

解决贫富悬殊一定要有紧迫感、历史感。历史给每一个民族的机会都是有限的。以埃及为例，早在2006年，由于一系列新自由主义的改革，埃及的社会矛盾就已经相当尖锐，不断有中下层举行游行和抗议。而埃及前政府在2008年对这个问题就有了一定认识。比如，当时埃及国内有声音建议取消能源和食品补贴，它没有完全采纳，而且在

2008年就决定给劳动者涨工资，同时促进就业。穆巴拉克在2008年5月对工会的演讲中，明明白白地提出了两点：一个是要保证低收入人口的食物安全；另一个是要保持工资与物价的平衡。埃及政府本来最初计划工资增长15％～20％，最后决定马上涨30％，也算是雷厉风行，出手不凡。但是，由于大规模私有化的结果，政府缺乏实施这些政策的手段，没有达到预期效果。增加工资和就业主要是在政府控制的企业中实现的。对私人企业，政府囿于市场原则，不能直接干预，只能劝告，结果这场"宏观调控"最后不了了之。更重要的是，埃及政府在经济改革过程中，大量削减税收，政府税收只占GDP的百分之十几。结果，政府债台高筑，入不敷出，拿不出钱来有效解决贫富悬殊和其他社会问题。前政府眼睁睁地错过了解决问题的时机。

而富有阶层从长远利益计，应当高高兴兴地买这个单，主动均一下自己的富。中国历史上的士大夫，有"先天下之忧而忧，后天下之乐而乐"的情怀。相信在这种传统熏陶下，在中国现代化过程中产生的富人，也有这种情怀。而且，分配的公平会刺激内需，增加市场容量，推动经济增长，最终也将推动利润的增长。这是一场共赢的合作。

当然，公平不是完美无缺的。但是，直到你发现一种更好的社会经济形态以前，对大多数人而言，公平的社会依然是最好的社会形态。

总之，我们相信，均贫富，当年罗斯福能做到的，中国一定能做到，并且会做得更好，因为中国是社会主义国家。

抑豪强

就是要抑制资本，让利润动机服从于社会价值。孙中山要节制资本，罗斯福要抑制资本。罗斯福推行"新政"，一方面让富有阶层买单，另一方面建立和加强政府的监督和管制，建立市场规范。社会主义市场经济的关键，就是让利润动机服从于社会价值，并建立起一套体系，有效地规范、监督和矫正资本的缺失。

资本同社会有竞争关系，资本同劳动有竞争关系。但是，我们提倡民族资本同社会、同劳动者建立一种新型的伙伴关系。通过这种伙伴关系，让利润动机同社会价值平衡起来，让利润动机同公平分配平衡起来。这就需要从体制建设上入手，建立起一套经济的、法律的体制使资本和劳动既平等竞争又相互制约，防止资本在追求利润时同社会利益冲突，同劳动冲突。

"抑豪强"要制度建设和重拳治理相结合。当今中国，许多民营资本家遵纪守法，平等竞争，回馈社会；许多人艰苦创业，努力打拼，成绩斐然。但是，也有一些人对抗政策，扰乱市场，为富不仁。搞市场经济需要铁腕政府或强势政府，需要铁腕治市。不能让某些人出于自己利益，扰乱市场秩序，对抗中央的宏观经济政策；更不能让有些人通过钱的运作，非法影响决策程序。目前中国经济的某些大问题，无论是有毒食品、房地产价格问题，还是通胀现象，甚至热钱流入，多多少少都和扰乱市场有关。以热钱流入为例。中国资本项目并没有开放，为什么热钱依然滚滚流入？显然是有人扰乱市场，通过多种方式，在贸易项目下虚报贸易收益引进热钱。

宏观经济政策为什么能实现政策目标？是因为市场主体在宏观经济政策面前会做出预期的反应。没有这个预期的反应，所谓宏观经济政策和宏观调控不过是一纸空文。比如中国政府七八年前就提出要稳定房价。现在效果如何？政策目标和市场主体的反应之间缺乏桥梁。如果市场经济出现上有政策，下有对策，出现顶风操作的话，必然出现混乱不堪、低效益、不平衡的现象。现在中国正在控制通货膨胀，会不会出现同样的现象？

治理市场乱象，需要重典。这方面可以借鉴美国。19 世界末期的所谓"进步时代"，在反垄断法下，活生生把洛克菲勒集团给拆开了。再例如，美国 2010 年在搞金融立法的时候，有些巨鳄到处游说反对。美国行政当局决定以某种别的理由起诉某些龙头企业。政府只出了一招，就化险为夷。

对那些想同政府政策博弈的人，那些抱有侥幸心理的人，一定要让他们有后悔的时候。让他们认识到，许多事情只不过时间未到。在这一点上，美国做得不错。例如 20 世纪"长期资本公司"（LTCM）出了问题，美联储出面组织一批华尔街投行救市。据说，有一家百年老店不买政府的账，以保护自己的市场自由为由，拒绝参与这一计划。后来，过了十来年，该公司自己遇到了问题，找到政府。政府当然没有忘记当年那笔账，就来了一个秋后算账。政府力主低价卖掉这家公司，于是这家公司就被悲剧掉了。2011 年上半年，美国政府起诉了一个对冲基金的老板，曾经是一个亿万富翁。为了搜集证据，有关部门采取了窃听、录音等方式。可见美国政府治理市场的手段和决心有多大。可以预期，美国政府通过这次起诉，释放了一个信号：类似的重拳出击，后头还有。

最近美国证交会以 3 票对 2 票通过了一项新政策，对那些举报金融犯罪的人，将给予重奖。投否定票的是两位共和党的委员。这项政策规定，如果举报提供的线索导致金额达到 100 万美元以上的处罚，举报人可以得到处罚金额 10%～30% 的奖励。[①]

---

① 参见 http://www.sec.gov/news/press/2011/2011—116.htm。

近来美国在调查内幕交易上频出重拳。再举一个例子，这个例子登在 2011 年 6 月 2 日的《纽约时报》上。

> 2011 年上半年，在纽约曼哈顿一个法庭里，美国联邦检察官给陪审团放了一段秘密录制的两个交易员之间交换交易秘密的电话。两天之后，两个交易员之中的一个在他第五大街的办公室里自杀身亡。据报道，这个交易员是联邦调查局（FBI）调查内幕交易的眼线。这位交易员在这个行业工作了 18 年，人缘好，关系广。大约 3 年以前，这位交易员正走在百老汇和 55 街之间的时候，两名 FBI 的调查员走上来，将他带进附近的一家饭馆，在饭馆靠后面的一张桌子边坐了下来。FBI 告诉他，他们掌握了他涉嫌内幕交易的证据。这些证据包括他之前同另一位交易员通话的监听录音。拥有了这些证据，FBI 才在街上拦住了这位交易员，要他合作。于是合作就开始了。据称他对此感到非常恐惧和不安，并咨询过律师。律师建议他不要公开这事。[①] 这个例子表明，美国在维持现有秩序上决心有多大，手段有多坚决。

政府拥有大量的经济政治资源，只要有决心，在市场经济里，对那些对抗宏观经济政策的个体，很容易找一个由头，敲山震虎，让那些不安分的人很快安分下来，脑袋发热的人很快清醒下来。市场经济由利益驱动，法制松弛的结果，会诱使许多人铤而走险，导致宏观经济政策失效，市场秩序混乱，资源配置失衡。

没有重典的威慑，就没有秩序。

从社会的角度讲，不能让少数人妄为。否则，民心难安。

---

① 参见 http://dealbook.nytimes.com/2011/06/02/a-trader-an-f-b-i-witness-and-then-a-suicide/。

当然，抑豪强还包括打击黑社会。

严吏治

我们提倡将社会选择和市场经济结合起来，提倡政府干预加上一定程度的公有制，提倡均贫富。在这种经济体制下，政府将控制大量资源，为保证资源合理使用，吏治清明是关键。

吏治清明有几个方面。

第一就是治理腐败问题。治国就是治吏。吏治的关键是要杜绝腐败。有人认为，官员腐败是制度问题，为了根治腐败必须推倒重来。这种看法是错误的。腐败现象的存在同西式或中式的政治形式没有直接关系。新加坡的李光耀先生，曾经在他的回忆录里指出，西方的民主体制最容易产生腐败。有人说，西方体制可以解决腐败问题。这种童话，地球上尚未存在过。西方体制下的腐败，不仅在亚洲存在，在欧洲和美国也长期存在。而吏治的清明，则在相当长一段时间都是中国的特点。比如美国从立国到"镀金时代"腐败都相当严重。即使现在，西方体制也没有解决腐败问题。这不用我们论证，只要大家打开世界新闻一看就知道了。就亚洲而言，我们看看日本、印度以及其他某些国家和地区，哪里没有腐败？用我们中国的标准判断，西方现存的腐败有两种，一种是不合法的腐败，一种是将某种权钱交易合法化的腐败。许多在西方体制下正在发生的事情，在中国就是腐败。比如，现在中国官员以权钱交易的方式弄了几万、几十万元都是腐败，那么改成西方体制以后，以政治捐款和游说金的方式，弄了几千万，几亿元倒成了合法的了。是不是有些搞笑？所以，以反腐败为借口，为推倒重来张目，悖于事实，不仅解决不了腐败，可能导致更严重的权钱结合，出现全面的腐败。

如果反对和防止腐败的出路就是让腐败合法化，那会是一条让人啼笑皆非的捷径。

第二是民主和法制问题。要防治腐败就要建立一套完善的法律体系和群众直接监督的体制。这方面比较广泛和复杂，就法制建设而言，现在有些问题比较突出，应当尽快解决。比如官员的财产公开、收入公开、利益回避（在有利益冲突和可能让人感觉到有利益冲突的地方应当回避）等。而民主的重要环节就是群众路线。除了体制内部的监督外，还需要群众的直接监督。可以认真研究在吏治较好时期的一些具体做法，看看有没有可以在新时期条件下借鉴和运用的，让那些腐败者有一种战战兢兢的恐惧。

制度建设是可以有效治理腐败的。中国香港没有照抄西方的政治体制，腐败却得到了有效控制。这是一个成功的例子，一个证伪了"不照抄西方就不能治理腐败"这个假设的例子。香港的例子还表明，腐败在很大程度上是管治缺失，是管理不到位导致的。需要反思管治上的失误。

第三，就是社会经济政策一定要代表大多数人的利益，为大多数人服务。经济政策和经济资源不能大幅度地向少数人倾斜，即使合法的也要避免。只有这样，社会选择和社会价值才能通过社会经济政策而实现，而政府手中控制的资源才能成为实现社会价值的手段。比如通过经济政策合法地将公共资源转移到少数人手中这种事情，公众很难认定那就是吏治清廉。

其实地方政府的主要任务就是安民。安民，就是为人民服务。千万不能想尽办法去折腾老百姓。

吏治清明是构建人道的市场经济的基本前提，是当今中国的重要课题。

强中央

中央权威的强弱是世界大国兴衰的关键。要做好均贫富，抑豪强，严吏治，需要强大的中央权力；构建人道的市场经济，需要强有力的中央权力；建立统一的国内市场需要强有力的中央权力。罗斯福之所以能有效推行"新政"，是因为他拥有高度授权的权力，罗斯福的经历值得借鉴。现在中国亟须的不是照搬西方的体制，恰恰相反，中国需要强有力的中央权威。

可能人们会问，现在，中央已经掌握了大量的人财物，在这种情况下为什么要提倡强中央呢？强化中央权威有两个方面的需要，一是建立统一的国内市场，一是保证国家的统一。

市场经济的特点就是权力分散、决策分散。在这种情况下，中央权威、中央政策的权威更加重要。否则，会变成上有政策、下有对策，许多利益主体对宏观经济政策根据自己的利益进行选择。弄不好，会出现各自为政、画地为牢、政令不通、政令不畅的局面。在危机情况下，这种政令不通还可能导致国家动荡，四分五裂。

在强化中央权威方面，美国曾经有过漫长的争论，也有过曲折的经历。联邦和州权的争论，最后是通过内战得以解决的。在美国，现在的州政府，其实是一个简单的服务性政府，真正的权威还是在联邦政府手上。州政府的大部分支出，必须仰赖联邦政府的转移支付。

美国具体的政治经济体系，在美国宪法上是看不到的。从宪法上看美国是联邦制国家，在实际运作中却形成了中央权力非常强大的体制。州的法律不能挑战联邦法律，而且，联邦的机构遍布全国各地。比如美国联邦的司法体系就直接深入全国各地，形成了州和地方彼此平行的司法体系和联邦垂直的司法体系。我们来看看这个垂直的司法体系：

美国有 50 个州，分为 89 个联邦区，每个区都有联邦审判庭（District Court）。在很多情况下，你可以在地方法院起诉，也可以在联邦法院起诉。而且，美国还将全国分为 11 个巡回区。这 11 个巡回区，加上哥伦比亚特区，加上在全美范围内拥有司法权的美国特别上诉庭（United States Court of Appeals for the Federal Circuit），美国一共有权力非常庞大的 13 个联邦巡回庭（上诉庭）。

美国司法部在全国各地下设 93 个联邦检察官，每个联邦检察官都有自己的办公室和庞大的机构，有众多的助理检察官和其他人员等等。这些联邦检察官在联邦审判庭代表美国政府提起公诉或进行辩护。

比如，FBI 总部在华盛顿，在全国有 56 个地区办公室，涵盖美国所有主要大城市，此外还有 400 多个分支机构散布在美国中小城市。比如，美国国税局在全美各地有自己的机构，联邦税收不是由州政府代收的，财权完全在联邦政府手中，等等。

联邦机构像一张无所不及的大网，将美国编织在一起。这些安排从体制上保证了美国的统一和联邦的权威。美国实行重典治国，是一个联邦的立法和执法能力、决策和执行能力都非常强大的国家。联邦的这种能力延伸到全美各地，在这些强大的国家机器运作下，现有各类秩序相当稳定。

此外还有其他种种安排防止分裂倾向。比如全美范围的政党体制。该体制防止了区域性政党的出现，从而有效避免了区域性政党的分裂倾向。又比如，联邦对土地的控制。当年，新州申请加入联邦时，一个重要条件就是向联邦上缴一定土地作"入场费"。这样，由于联邦是每个州的"大地主"，就算有一天有分裂力量出现，在选举中胜出，它也迈不过联邦政府这一关。2004年，联邦政府拥有全美大约31％的土地，阿拉斯加州甚至67％的土地都为联邦政府拥有。①

有些人可能读过美国宪法，却未必了解美国的具体体制。这类具体的体制安排，虽然在美国宪法上没有，却有效地保证了国家的统一和市场的统一。你仔细想一想，就会发现，这些体制安排的目的和实际效果就是削弱州在财政、立法、司法、土地所有等方面的独立性。将州在各方面的权力剥离出来一部分，交到联邦政府手中。州的权力被一分为二。州政府作为地方主体享有一定的权力；但是，另外一部分权力则为联邦政府的代表或派出机构享有。这种做法颇类似于中国历史上的"削藩"，建立起了一个垂直的高度集中的权力结构，保证了美国的统一。在这种体制下，州在事实上不是完全独立的主体。这种二重安排同中国历史上元明以后的大一统安排有相似之处（我们将在后面讨论）。从这个体制的事实上看，美国其实不是真正意义上的联邦制。这很好理解：真正意义上的、地方完全自治的联邦体制，是不适合美国这样幅员辽阔、人口众多的国家的。弄不好就会出现国家分裂。

我们抛开具体的政治体制不谈。对任何一个大国而言，中央和地方的关系都非常重要，必须从有利于国家统一的角度考虑。一个国家中央和地方应当是一张网，而不应当是一堆垒起来的土豆。

---

① 参见 http://www.propertyrightsresearch.org/2004/articles6/state _ by _ state _ government _ land _ o. htm。

俄罗斯近年也采取了许多强化联邦权威的措施。

中国几十年的改革强化了地方的利益主体。与此同时，中央的权威在某种程度上却没有得到相应提高，反而被削弱。比如在改革前，甚至直到 20 世纪 80 年代后期，中央各部委都有自己的企业或机构分布在全国各地，相当于一个涵盖全国各地的垂直网络。在那种情况下，中央很容易做到令行禁止。现在怎么样呢？原有的计划经济基础上的中央纵向体系基本拆散了，新的纵向体系有没有建立起来？

中国应不应当建立新的集中的纵向体系？中央不应只是制定政策和法律，而且应当在全国各地有执行力。中央机构不应当局限于北京，中央网络应当遍布全国。比如可以考虑让中央的执法、纪检、信访、经济等机构遍布全国，它们依法享有广泛的授权，能有效地执法。建立起中央和地方双重的法制体系，彼此制约，不仅有利于建立统一的国内市场，也有利于捍卫法律的尊严，有利于吏治的清廉，有利于打击经济犯罪，有利于社会稳定，也有利于维护中央的权威和国家的统一。举例说吧，如果中央的信访办公室在全国所有大城市和许多中等城市都设有办公室，而且有一套完整的程序和进行调查的权力及资源的话，老百姓也不必动不动就跑到北京"告御状"，处理这些问题也不必国务院总理出面了。

现在中国的某些决策其实相当分散，国内市场也比较片状化。由于多种原因，地方对宏观经济政策有相当大的选择性，对人、财、物在区域间的流动设置了许多壁垒。以户籍制为例。改革前，其实就两类户口——城镇户口和农村户口。那个时候无论你在哪个城市找到工作，都能将户口迁移到那个城市。现在可不一样了，一个城市有一个城市的户口。中国其实有了几百个不同的户口。不要小看这件事。地方户口有时候相当于"国籍"，甚至比欧元区的"国籍"还厉害。没有户口你就不能享受当地的社会福利，不能参与当地的社会管理。这不仅影响人、财、物的流动，而且加剧了地方利益和潜在的离心倾向，不利于社会稳定。

改革以来，中央和地方的关系出现了一些变化，有些地方可能需要认真思考。例如，经济改革需要试点，出现了许多以行政区划为主体的实验区，从体制上看，就是扩大这些地方的权力。有些行政区划成了国中之国。这样究竟有什么长远的影响？有什么普遍的示范效应？是不是在鼓励国中之国的出现？会不会鼓励地方争权？如何既保证这些实验区有充分的实验空间，又保障国家政令的畅通，保障中央的权威，可能是一个值得注意的新问题。这些都必须从历史的角度认真思考。

没有中央权威，就没有统一市场，就没有有效的宏观经济政策运作的平台。

在财富高度集中的情况下，地方权力过分扩张，就全国来看，并不是好事。中国历史上有一种探索，就是防止富有阶层同地方权力的结合。中国几千年来，"士农工商"中"商"排最后，有重农抑商的传统。这既是文化问题，又是制度安排问题。我们从文化上反对那种对商业和市场经济的歧视。但是，我们也要看到，在中国历史上，并没有剥夺商人经商致富的权利。所谓抑商，是指不允许商人（财富）同地方权力结合。因为财富同地方权力的结合，可能导致地方离心倾向的增加，导致中央政令不畅，导致腐败，导致扰民。现在建设市场经济，一方面决策权力分散，一方面财富高度集中。在这种情况下，财富同某些权力的结合成为一种可能。假如财富同地方权力结合，对任何国家都是一种隐忧。强中央可以有效地防范这一点。

现在许多宣扬"普世价值"的人，提倡地方自治或虚无缥缈的联邦制。这是将中国引入动荡的思路。中国在秦建立郡县制以后，大约在宋元以前，中央同地方的关系一直在探索中，常常出现地方尾大不掉的悲剧。中央和地方的权力划分，几经变化，直到元以后，才找到了解决的办法，那就是行省制度。所谓行省，既是地方政府，又是中央派出机构。在这种二重身份下，行省从来就不是完全独立和自治的一级政权主体。这种体制安排，有利于解决地方的独立倾向。而且，地方的权力，如行政、财政、监察、文教、考绩等等，又彼此分开，各自隶属中央不同部门。因此从元以降，到晚清，再没出现过地方割据的现象。

中国自秦以后几千年的探索和结论值得认真吸取。

这些经验包括两点：其一，省具有双重身份，它首先是中央的派出机构，然后才是地方管辖机构；其二，中央的网络必须覆盖全国。这也是中国 1949 年以后的体制安排的核心内容。几千年来的历史经验、教训和探索，我们不能置之不顾。

这种二重安排，同美国目前的联邦和州的关系，有相似之处。

西式民主导不出现代化

在世界范围内，包括在中国，有一个颇为流行的虚假命题。那就是，现代化必须同时也是"（西方的）民主化"。这个命题被当代亚洲某些国家和地区的现代化进程所证伪。

更重要的是，这个命题不符合西方自己现代化的历史。

我们就来回顾一下 19 世纪几个国家的现代化进程。

19 世纪 60 年代以后，世界几乎同时发生了四场现代化进程。1862 年俾斯麦在德国议会宣布铁血政策，开启了德意志民族的现代化；1861 年美国南北战争，内战以后的美国，开始了第二次工业革命；1867 年，日本在"尊王攘夷"口号下开启了日本明治维新；1861 年，镇压太平天国以后的中国，开始了几十年的洋务运动。这四个国家几乎同时进行了一场现代化竞赛。中国是唯一一个失败的选手。

原因在哪里？有些人认为，中国的失败，在于"中学为体，西学为用"，没有全盘照抄西方的体制，没有全盘西化，没有抄袭西方的民主体制。这种看法不准确。稍稍懂一点历史的人都知道，明治维新，在政治上和文化上是复古。明治政府在政治上神化天皇的绝对权威，建立"华族"制度以维护旧藩主、公卿的特殊地位，并把维新功臣、财阀列入华族，培植特权阶层；在经济上扶植带封建性的财阀和寄生地主；在意识形态上宣扬神道、皇道、儒学。虽采用君主立宪制的形式，但实际上依然实行专制主义，藩阀以天皇的名义掌握政权。[①]天皇至上、武士道精神、太阳神教，哪一样是从西方抄过来的？俾斯麦的铁血政治，无视议会，严厉打击反对派，哪里有"三权分立"的精神和民主精神？内战以后的美国用铁腕手段，严厉摧毁南方的经济结构，哪里有尊重南方黑奴主的财产权？在那段时间以及以后的相当长的时期内，美国的穷人、妇女和黑人没有选举和被选举权；政治上极其腐败，选举被政治机器控制，被金钱控制，被地方的大佬控制。

---

① 参见 http：//baike.baidu.com/view/22062.htm。

即使按西方今天的标准，那都不能称为民主。所以，**民主不是美国现代化的基础。**

同清王朝相比，其他三个国家究竟有什么共性？

第一，强有力的中央集权和国家统一。美国内战彻底解决了立国以后一直困扰美国的联邦权力和州权力的争论，联邦至上终于确立，国家空前统一；德国在俾斯麦时期从北到南逐步将德意志统一起来；而日本的明治维新，同样统一了日本，确立了天皇权威至高无上。这三个国家，中央权力空前强大，国家空前统一。清朝则是另一副模样。镇压太平天国后，虽有同治中兴，但是清廷已经相当衰败。地方利益和豪强利益开始大规模左右地方行为；中国南部的几个省，基本由镇压太平天国的功臣及其亲信统治；镇压农民起义兴起的地方团练开始画地为牢。而且，洋务运动，就搞了那么一点东西，还几乎成为领军人物的个人势力范围。中央权威不振，地方尾大不掉。偌大一个中国，经甲午一役就一蹶不振，国家处于四分五裂状态。

第二，独立主权。在当时的这四个国家中，只有中国是一个典型的半殖民地国家。沿海地区和长江中下游几乎就是洋人的天下，由洋人说了算；朝廷里面也有许多洋人利益的代理人。一个接一个的不平等条约，不仅导致财富大量外流，还极大地剥夺了清朝的经济主权。大量的财富输出，导致国穷民竭。

第三，社会矛盾的缓解。美国在内战时期解放了黑奴，长期实施保护主义，工人工资普遍高于欧洲国家。俾斯麦尽管严厉镇压社民党，但是对工人却实施怀柔政策，德国是世界上第一个制定劳工法的国家。日本则废除了原有的等级制，实施土地改革，改变了大规模土地集中垄断的格局。这些政策，在相当大的程度上缓解了各自的国内矛盾。而清朝，土地兼并更加严重，贫富差距进一步扩大，社会矛盾进一步加深，小规模的社会冲突连绵不断。清政府就坐在一座随时可能喷发的火山上。

这些历史的教训值得我们深思。在 21 世纪这场转型中，（1）中国必须要有强大的中央集权，维护国家的牢固统一，建立统一的国家市场，中央政策要突破利益集团的博弈，落实到全国每一个角落。（2）中国要坚定不移地坚持自己的经济主权，捍卫国家核心经济利益。要根据国家利益，而不是外部压力来决定我们的经济结构，来决定自主创新、人民币汇率、经济体制目标选择等等。要成功淡出出口导向。（3）妥善解决贫富悬殊和民生问题，缓解社会矛盾，避免社会动荡。走群众路线，察民情，结民心，为民争利。

总之，中外的经验教训告诉我们，西式民主，并不是现代化的必然条件。

中国的复兴

中国现代化的出路在哪里？中国现代化过程同西方有许多不同。最主要的原因就是陈云曾经指出的，人口众多。

由于人口众多，中国经济增长不可能走下面这些道路。

首先，不可能依靠出口导向。我们在前言中指出，中国未来的发展，不可能建立在出口导向的基础上。如果中国真的能在 2019 年成为世界第一大经济体的话，中国的名义 GDP 将相当于 19 万亿美元；如果中国名义经济总量真的想在 2034 年达到美国的两倍的话，那就相当于 59 万亿美元。如果中国的出口依然占 GDP 的 30%～40%，那么在 2034 年，中国将需要 18 万亿～24 万亿美元的出口市场。这显然是不可能的。这是第一。第二，就算是可能，那中国将要面临多大的资源输出，将面临对国土资源多大的破坏？那显然是一种自杀性的不可持续的复兴。最后，如果中国的复兴建立在 18 万亿～24 万亿美元的出口上，这会不会面临世界范围内市场争夺的潜在冲突？如果世界范围内出现保护主义，中国怎么办？

其次，不可能依靠资源掠夺。我们在前言里提到过，西方国家的富裕建立在对外资源的掠夺上。这种掠夺有两个阶段，一个是殖民地阶段，一个是全球化阶段。后者的基本格局就是发展中国家生产和储蓄，发达国家消费和借债。这种依靠掠夺资源的道路，中国不能走，想走也走不通，别人不会容许。而且，中国人口相当于西方国家总人口的两倍左右。如果中国的现代化建立在资源掠夺的基础上，那必须去掠夺相当于西方过去掠夺总额两倍的资源。这可能吗？

第三，不可能依靠债务发展。债务是发达国家过去几十年繁荣的基础。现在，这条债务之路不仅西方走到了死胡同，而且对中国也行不通。我们在前文中讨论过，美国经济过去几十年就建立在债务基础上，平均算下来每个美国人背负有大约上百万人民币的债务。中国人口总数是美国的 3～4 倍。如果中国走依靠债务刺激经济的道路，13 亿人口，将是多大的债务？请问，中国到哪里去筹集这些债务？通过什么方式筹集债务？

所以，出口导向、资源掠夺、债务刺激都不可能成为中国复兴的支撑点。中国的复兴必须建立在内需和内部市场的开发基础上，必须建立在自主发展的基础上。而内部市场的培育，有一个必需的前提，那就是公平，即收入分配的公平。公平能为中国未来 30 年的高速增长奠定基础。

所以，公平是中国复兴的基础。

公平是社会主义的核心价值，也应当是社会主义体制的核心内容，是社会主义经济体制的主要特征。所以，从历史和现状来看，从中国面临的国际环境和人口众多这个国情看，只有社会主义才能救中国，只有社会主义才能复兴中国。中国的现代化必须走社会主义道路，必须继承建国后前三十年的公平内涵。这是历史的结论。中国的改革必须首先考虑这种道路的选择和方向的选择。

本书对自由放任的市场经济做了许多分析。自由放任的市场经济必然摧毁公平，承担不起复兴中国的历史使命。所以，中国的任务不是建立"趋同的"市场经济，而是建立社会主义市场经济，建立人道的、有包容性的市场经济。

既然公平是中国复兴的基础，那么中国就必须有一个保证公平、有利于公平的市场经济运作的上层建筑，能不断地调整市场经济中出现的不公平现象和不公正关系的上层建筑。所以，中国不能走金钱政治、金钱民主的道路，不能走让富人控制政治程序的道路。中国的经济政策必须代表大多数人的利益，反映大多数人的要求。那种建立在党派利益冲突基础上的政治秩序，不符合中国现代化的需要，不利于中华民族的复兴。

中国的现代化过程，将极大地提高全中国人民的生活水平，必然导致世界资源的再分配。我们只有一个地球，我们不可能有两个甚至五个地球。中国人民共同富裕的现代化进程，不可避免地会彻底改变西方国家以不到 20% 的人口，享有 76% 的地球资源上的现实。所以，在这个现代化过程中，有人从自己利益出发，从维持现有资源分配格局出发，必然会千方百计地阻挠资源的重新分配，要在中国推动贫富悬殊，要在中国推动制造贫富悬殊的上层建筑，将中国的现代化纳入他们的利益框架。如果中国的现代化只能制造大约 1 亿人口的富裕阶层，而让大多数老百姓在贫困中挣扎，那么中国的现代化过程就基本不会挑战世界经济分配格局的现状。所以，走共同富裕的现代化道路的中国必然继续成为别人利益的障碍；带领中国人民追求共同富裕的中国政府必然继续成为许多人指责的对象。

中国要走和平崛起的道路，要做好自己的事情，要有广阔的包容心态。但是，树欲静而风不止。有人会继续将资源再分配的争论包装在"普世价值"里面，包装在金钱"民主"里面，变成意识形态的争论，变成"普世价值"的争论，甚至变成文化的争论，通过抢夺话语权而抢夺资源；通过改变别人的体制而阻止资源的再分配；通过改变中国的政治经济体制而一劳永逸地解决资源再分配的难题，一劳永逸地维持现有的世界经济分配格局。西方和少数代表西方利益的人们，挑起的关于中国现代化道路的争论，不会停止。中国的现代化进程越快，这种争论就越激烈；中国解决贫富悬殊问题的决心越大，这种争论也就越激烈。

结　语
救亡图存和追求公平是
中国现代化的方式

1934 年，中国一群衣衫褴褛的先知，带领一群同样衣衫褴褛的农民，抱着救亡图存和追求公平的理想，从中国南方的某些省份出发。那一场长征，对中华民族的意义，如同走出埃及对犹太民族一样。这场延续 100 年的长征，2034 年将最终结束。救亡图存和追求公平的理想，将在 2034 年全面实现。虽然其间有许多争论，但是，中华民族的最终崛起，将终结所有的争论。

为什么说中国的现代化进程，就是救亡图存和追求公平的进程？

先看看救亡图存同现代化的关系。在强手环伺，资源瓜分完毕的情况下，中国要后来居上，要实现现代化，要让 13 亿中国人民共同富裕，必然导致世界资源再分配，必然改变少数人享有大多数地球资源的现状，必然遭到现存秩序的抵制和反对，所以，只要中国想实现现代化，就必然面临救亡图存的压力，中国现代化进程本身，就必然是一个救亡图存的过程。中国要实现现代化，就必须先救亡图存；而最终解决救亡图存的出路，就是现代化。公平成为救亡图存的目标和手段。

再看看追求公平和现代化的关系。我们在书中指出，在中国，实现现代化的唯一道路就是公平，西方的道路走不通，也没有别的道路可选择。中国只有实现了公平正义，才能实现现代化；而现代化的实现使中国得以在高水平的基础上实现公平正义。

救亡图存、追求公平和现代化，就这样交织在一起。

显然，我们在这里不赞成那种认为中国近代史上的救亡图存的主题、追求公平的主题，曾经压倒了现代化这个主题的看法。在中国面临的历史环境里，救亡图存和追求公平恰恰是中国现代化进程的基本方式和道路。

我们同样不同意那种认为救亡图存曾经压倒了个人自由这个主题的看法。救亡图存是别人强加的。民族的自由是个人自由的前提，民族的解放是个体解放的前提，民族的自由选择是个体自由选择的前提。不解决救亡图存的问题，在整个民族被奴役、被边缘化的情况下，在整个民族无法自由自主选择的情况下，固然少数人能享有"个人的自由和自主"，但是，大多数人是不自由、不自主的；在民族的选择空间被极大压缩的情况下，个体的选择空间是非常狭小的。读者可以看看当今世界，那些不能选择自己命运和道路的民族，那些被强国决定命运的民族，其间个体选择的自由是多么虚幻，大多数个体的命运是多么凄惨。当一个民族被蹂躏的时候，民族的个体如何能够幸免？所以，对每一个民族而言，那些追求民族自由的先知，才是真正追求个人自由的先知。这就是为什么，在中国真正追求现代化和民族崛起的先知，同时也是救亡图存的先知，是解放大多数人的先知。

在本书开头，我们用实证的材料提出中国同西方关于现代化道路争论的实质，不是所谓意识形态之争，而是资源之争。为了争夺话语权，这个争论被有些人包藏在了所谓"普世价值"里面，变成了"普世价值"之争。我们必须看一看"普世价值"的两张面孔："普世价值"在它的发源地，同民族情绪结合在一起，代表着强烈的民族主义；而在中国，"普世价值"却同民族主义势不两立。在民族国家时代，在救亡图存依然是中国面临的潜在挑战这一历史条件下，"普世价值"反对民族主义，诅咒民族主义，打击民族主义。中国要坚持独立，"普世价值"却要中国做几百年的殖民地；中国要建立捍卫自己国家利益的实力，"普世价值"却反对中国制造航空母舰。不仅如此，"普世价值"还反对公平正义，千方百计诅咒公平正义，希望将不公平的经济关系固化。如此种种表明，"普世价值"同公平正义、同救亡图存是矛盾的，同中国的现代化崛起是矛盾的。

基于上面种种，我们认为，1934 年的长征，是这百年征程的开始，是中国救亡图存和寻求公平正义的进军，是中国现代化序曲的开始。这其间的苦难辉煌，浓缩着中华民族追求现代化的历史。

这就是为什么，我们选择了 2034 作为我们叙事的一个支点。

从世界范围看，2034 还具有十分现实的意义。经济危机暴露了西方经济体系的一系列矛盾。西方社会的变迁才刚刚开始。这个变迁的最终归宿将是向左摆动。现在西方国家还没有找到解决矛盾的办法。在私人财富高达几百万亿美元的西方，为了解决债务危机，却要拿中下层开刀。西方的动荡是难以避免的。而且，西方面临新一轮人口结构的变迁。以美国为例，美国的婴儿潮一代面临退休。2034 年前后，美国婴儿潮退休将达到高潮，人口将出现全面老化，社会公正尤其重要。谁来养活他们？需不需要为他们提供必要的社会保障，比如医疗保险等等？如果美国不能解决债务问题，不能解决贫富悬殊问题，不能解决其他结构性问题，不能有效解决婴儿潮退休人口的社会保障问题，美国将面临另一场全面的大规模经济挑战和社会危机。由于潜在的政治经济挑战，从现在到 2034 年前后，美国政治生态可能缓慢曲折地向左转，政府主导的公平分配将逐步增加。如果完成了这个转型，美国将延缓经济体制的主要矛盾。

正如我们在书中指出的，当今世界最根本的竞争是总需求的竞争，而制造总需求最有效的办法就是推动公平正义。在解决公平正义的问题上，中国必须同发达国家赛跑，走在世界的前面。这是一个历史性机会。对每一个国家而言，崛起还是沉沦，关键就在这里。

中国必须在这场竞争中胜出，中国一定能在这场竞争中胜出。

后　记

人生有许多偶然。

人们口中的所谓必然，往往是通过偶然之手实现的。

这本书能够同读者见面，能够同读者以这种方式见面，要感谢偶然认识的一位朋友和她就职的单位。

大约是 2010 年初春，由于偶然的机会，我在中国人民大学杨万东教授的办公室遇到了中国人民大学出版社的编辑曹沁颖女士。曹女士年轻敏锐，加上又是四川老乡，我们相谈甚欢。临别时，她还送了我几本她编的书。回来后，我拜读了这些书，获益匪浅。而且，她写的编辑手记往往都起到了画龙点睛的作用，非常耐看。

大约过了一两个月以后，收到了她发来的电子邮件。在那封邮件里，她其实给我出了一个题目。本书的构思就开始了。

从 2008 年经济危机以来，笔者看到和经历了许多意想不到的事情，对许多问题有了新的思考。但是，由于不是职业文人，时间是我最缺乏的资源。于是，我就列出一串小问题，每天晚上写一点，一个问题一个问题地写。所以在结构上，可以说是信马由缰、杂乱无章。本书的最终结构，都是沁颖编辑大刀阔斧调整的结果。不仅如此，她提出了许多问题，使我得以从不同的角度多做思考。她和她的同事们为本书做了许多工作。

所以，人大出版社的慷慨支持和大力合作是本书得以顺利面世的关键。在此表示感谢。

本书的基本观点同流行的市场原教旨主义是不同的，批评了那种将市场经济和私欲神圣化的思潮。我们发现公平是自由、民主和法制的基础。我们还证明公平是中国的出路，是中国现代化的必然之路和必由之路。为了从根本上解决中国经济面临的贫富悬殊问题，我们提倡建立公平的、人道的、包容的市场经济体制。在近期内，我们提倡均贫富，抑豪强，严吏治，强中央。

熟悉我的朋友可能会发现，这本书的基本观点同我过去的看法有许多不同。这种观念上的变化，主要来源于实证的材料。这本书的分析，不是建立在意识形态和抽象概念的基础上，而是建立在实证材料基础上，力求公正客观，实事求是，让事实说话。当然，本书不是材料的堆砌，它关注的是这些实证的材料证伪了什么和证实了什么。本书力求做到这一点。至于做得怎么样，读者才是最终的裁判。

黄树东

2011 年 6 月

图书在版编目（CIP）数据

中国，你要警惕——风云年代的光荣与梦想、机会与陷阱/黄树东著．—北京：中国人民大学出版社，2011

ISBN 978-7-300-13907-4

Ⅰ.①中… Ⅱ.①黄… Ⅲ.①中国经济-研究 Ⅳ.①F12

中国版本图书馆 CIP 数据核字（2011）第 119866 号

中国，你要警惕

风云年代的光荣与梦想、机会与陷阱

黄树东　著

Zhongguo Niyao Jingti

出版发行	中国人民大学出版社	
社　　址	北京中关村大街 31 号	**邮政编码**　100080
电　　话	010 - 62511242（总编室）	010 - 62511770（质管部）
	010 - 82501766（邮购部）	010 - 62514148（门市部）
	010 - 62515195（发行公司）	010 - 62515275（盗版举报）
网　　址	http://www.crup.com.cn	
	http://www.ttrnet.com（人大教研网）	
经　　销	新华书店	
印　　刷	北京宏伟双华印刷有限公司	
规　　格	170 mm×230 mm　16 开本	**版　　次**　2011 年 9 月第 1 版
印　　张	18.5 插页 1	**印　　次**　2018 年 6 月第 3 次印刷
字　　数	210 000	**定　　价**　39.00 元